# CÓMO CUMPLIR AÑOS SINTIÉNDOTE JOVEN

Consejos para un envejecimiento activo

*Ángel Moreno*

# CÓMO CUMPLIR AÑOS SINTIÉNDOTE JOVEN

## Consejos para un envejecimiento activo

Avda. de Guadalix, 103
28120 Algete - Madrid
Tel. 91 886 43 80
Fax: 91 886 47 19
E-mail: info@mestasediciones.com
www.edicionesmestas.com
http://www.facebook.com/MestasEdiciones
http://www.twitter.com/#!/MestasEdiciones

Director de colección: Juan José Jurado

Primera edición: *Septiembre, 2013*

ISBN: 978-84-92892-27-3
Depósito legal: M-15049-2013
Printed in Spain - Impreso en España



Foto de portada bajo licencia de Schutterstock

*A nuestros abuelos Castor, Ángela,*
*Ángel, Encarna, Manuel, Aurora, Francisco y Atanasia,*
*por el testimonio que nos dieron para envejecer bien.*

# Índice

# Introducción

*"Envejecer es todavía el único medio que se ha encontrado para vivir mucho tiempo".* Charles A. Sainte Beuve.

Envejecemos desde que nacemos. Cuando nos cortan el cordón umbilical ya somos unos minutos más viejos que cuando nos han parido. Es un proceso natural e imparable. Es el paso del tiempo. Se va produciendo a lo largo de nuestra vida y lo tenemos que aceptar.

A veces nos preguntamos: ¿cuándo moriremos? ¿A qué edad? ¿De qué forma? ¿Dónde? ¿Con quién?

¿De qué dependen las respuestas a estas preguntas? ¿De la suerte? ¿Del destino? ¿De causas biológicas?

¿En qué condiciones llegaremos a la vejez? ¿Dependeremos de otros hasta la muerte?

Este libro pretende ser una recopilación de sugerencias y reflexiones que nos ayuden a envejecer exitosamente y en parte a dar respuesta a las cuestiones anteriores.

En esta sociedad nadie nos prepara para la etapa de la vejez, que puede ser la mejor o la peor de nuestra vida. Depende mucho de la actitud con la que la afrontemos.

Envejecer es algo natural. La edad es una parte ineludible de la vida. Hacerse viejo es una condición objetiva. Según el diccionario de la Real Academia se refiere al "que tiene muchos años". Todos nos vamos haciendo viejos. Pero sentirnos viejos es otra cosa. Sentirse viejo es opcional; uno puede desarrollar ese sentimiento en un momento determinado. La percepción de sentirse viejo puede agravar las habilidades cognitivas de la persona. Debemos optar por sentirnos jóvenes.

Cómo se percibe una persona con respecto a la edad tiene efectos determinantes y está demostrado que verse a uno mismo como viejo aumenta el riesgo de recibir un diagnóstico de demencia. La percepción que tenemos de nosotros mismos es un factor que influye para padecer ciertas enfermedades.

Hay que cambiar nuestra forma de pensar para tener una vida más plena. La edad es importante para el registro demográfico y las estadísticas, pero mantener la mente joven y una actitud positiva ante la vida es más importante que la cantidad de años acumulados. Podemos llegar a vivir una vejez feliz, con plenitud, y seguir sintiéndonos jóvenes. Podemos optar porque el paso por la vejez sea con alegría, no sentir acabados nuestros proyectos de vida, mejorando la calidad de vida, aceptando las limitaciones y buscando la participación social.

El análisis de los testimonios de vida de los abuelos de mi familia, me ha ayudado a extraer algunas reflexiones que espero que sean de tu interés al leer este libro.

También he recopilado los contenidos y reflexiones compartidos en múltiples seminarios y encuentros mantenidos con personas de 55 años y más, a lo largo de estos últimos once años, por mi experiencia profesional.

El objetivo de todos nosotros es: "vivir más y en las mejores condiciones posibles."

# I. Algunas cuestiones básicas

*"Si quieres ser viejo mucho tiempo, hazte viejo pronto."*
Cicerón.

## *1. La esperanza de vida*

La **esperanza de vida** es una estimación del promedio del número medio de años que una persona puede prever que vivirá. Bien desde su nacimiento o bien a partir de una edad determinada.

La **esperanza de vida libre de incapacidad:** es la expectativa de vida activa o esperanza de vida en salud; marca el promedio de años que una persona puede vivir libre de incapacidad a partir de una edad. La Organización Mundial de la Salud (OMS) utiliza este elemento estadístico para medir el nivel de éxito de su objetivo de "Salud para todos". La utilización de este sistema de medición no deja en buen lugar a España.

Las previsiones de futuro consideran que España es uno de los estados con una mayor esperanza de vida a nivel mundial, sólo superado por Japón, pero cuando se trata de esperanza de vida en salud, la situación empeora y ofrece perspectivas menos halagüeñas que las de algunos de nuestros vecinos europeos, como Francia o Suecia. En España, según los últimos datos disponibles, las mujeres pueden esperar vivir algo menos de 76 años antes de caer en una situación de discapacidad, mala salud, y reducción de la calidad de vida, y los hombres no alcanzan una expectativa libre de incapacidad superior a los 70 años.

Es necesario y urgente modificar estas cifras. Se pueden cambiar, aunque no todo depende de la persona que envejece.

El concepto de **vejez saludable** incluye tres componentes principales:

- Baja probabilidad de padecer enfermedades o discapacidad.
- Elevada capacidad funcional física y cognitiva.
- Mantenimiento de una vida activa en la sociedad.

En los últimos años se ha producido un notable aumento de la esperanza de vida: cada vez vivimos más años y además buscamos hacerlo en las mejores condiciones posibles.

- Así, España se encuentra entre los países del mundo, donde más años se vive.
- La esperanza de vida en España ha crecido de manera significativa durante el siglo XX.
- De los 33,9 y 35,7 años en 1900 para hombres y mujeres se ha pasado en enero de 2012, según datos del Instituto Nacional de Estadística, a 78,8 años y 84,8 años respectivamente.
- Un niño nacido a finales del siglo XX tiene una expectativa de vida 40 años mayor que si hubiera nacido a principios del mismo siglo.
- La vida de quienes nacieron a mediados de la década del 90 puede durar más de 100 años, frente a la esperanza de vida actual de 80 años.

En el mundo, según el *CIA World Factbook 2012*, la esperanza de vida en algunos países es: Mónaco 90, Japón 84, Italia 82, España y Países Bajos 81, Noruega, Alemania y Reino Unido 80, Puerto Rico y Portugal, 79, Cuba, Estados Unidos, Chile, Panamá y Costa Rica 78, Argentina, México y República Dominicana 77, Uruguay, Paraguay y Ecuador 76, Colombia 75,

Venezuela y El Salvador 74, Brasil y Perú 73, Nicaragua 72, Guatemala y Honduras 71, Bolivia 68, Haití 63, Senegal 60, Etiopía 57, Nigeria 52, Somalia 51, Sudáfrica, Chad 49.

Según datos referidos en diferentes publicaciones de la Organización Panamericana de la Salud, Estados Unidos y Canadá tendrán una población de 50 millones de personas de 60 años o más, en los próximos años. América Latina y el Caribe alcanzarán 42 millones de habitantes de este grupo de edad. Para el año 2020 el 12.4% de la población latinoamericana y caribeña será de 60 años o mayor, equivalente a un total de 82 millones.

En Europa, los franceses y españoles mayores de 65 años somos los que tenemos una esperanza de vida más elevada, aunque eso no significa que disfrutamos de la mejor calidad de vida. Los suecos y daneses viviendo menos años, gozan de unas condiciones más saludables en esta recta final, según lo recoge un informe publicado por Eurostat, la oficina estadística de la Unión Europea.

Es la mayor longevidad registrada nunca en la historia.

¿Viviremos nosotros tantos años dando consistencia a las estadísticas y predicciones?

## *2. ¿De qué mueren las personas?*

> *"Antes de la vejez, procuré vivir bien; en la vejez procuro un morir bien".* Lucio Anneo Séneca.

La muerte es un tabú en nuestra sociedad. No se habla de ella. Pero nacemos para morir. Aunque no se nos prepare para ese momento. Vida y muerte son dos caras de una misma moneda.

La muerte es parte de la vida. Su fin. Es un misterio.

A algunos/as nos produce angustia pensar en ella.

Según la Organización Mundial de la Salud (OMS), en 2008 se produjeron 57 millones de defunciones en el mundo. 36 millones de éstas fueron por "enfermedades no transmisibles"; las enfermedades transmisibles, maternas y perinatales produjeron 16 millones de defunciones y las causas externas y los traumatismos causaron 5 millones de defunciones.

Las cuatro principales causas de muerte en el mundo fueron: Cardiopatía isquémica, Afección cerebrovascular, Infecciones de las vías respiratorias inferiores y Enfermedad pulmonar obstructiva crónica.

> *"Envejecer no es tan malo cuando se piensa en la alternativa".* Maurice Chevalier.

- Por término medio, las mujeres viven de seis a ocho años más que los hombres, por lo que representan una proporción mayor de población anciana.
- En 2007, la esperanza de vida al nacer de las mujeres era de más de 80 años en 35 países, pero tan sólo de 54 años en la región de África.

Según los datos que aporta en 2012 en su informe "Demencia: una Prioridad de la Salud Pública", la frecuencia de la demencia en la población mayor de 60 años en 2010 fue:

- En el mundo: entre 5 y 7 %
- En Europa occidental: 6,92 %
- En América Latina: 8,48 %
- En América del Norte: 6,46 %

Se espera que la prevalencia de la Enfermedad de Alzheimer en la población geriátrica aumente sustancialmente en este siglo, sobre todo en los países industrializados. La proyección estadística en el año 2050 indica que el número de personas afectadas por este desorden podría triplicarse.

En España, según los últimos datos disponibles del Instituto Nacional de Estadística, en 2010 se produjeron 382.047 defunciones. Fallecieron 183.926 mujeres y 198.121 hombres.

Por grupos de enfermedades, las principales causas de mortalidad de los españoles son: las del sistema circulatorio (31,2 de cada 100 defunciones), los tumores (28,1 de cada 100), y las enfermedades del sistema respiratorio (10,5 de cada 100).

El INE destaca el aumento de las defunciones debidas a enfermedades del sistema nervioso (19.309 fallecidos, de los cuales 11.344 han sido por la enfermedad de Alzheimer).

Por edad, la principal causa de muerte en los mayores de 79 años fueron las enfermedades del sistema circulatorio (37,3% del total de fallecidos de este grupo). Aunque el cáncer se impone cuando se trata de muertes entre los 5 y 14 años y los 40 y 79 años.

Una hipótesis básica es que las enfermedades "no caen del cielo", no se distribuyen por azar, sino que están profundamente determinadas por la estructura social, política y económica en la que vivimos.

El estudio de la distribución de la mortalidad, la discapacidad y la morbilidad, según clases sociales, niveles de educación, etnia, genero o áreas geográficas de residencia, permiten desvelar estos determinantes sociales de la enfermedad. Pone en evidencia la debilidad científica de la ideología dominante, según la cual enfermar o morir prematuramente estaría condicionado principalmente por nuestra herencia genética, el descubrimiento o no de una nueva tecnología médica.

Si aceptamos esta hipótesis, tendríamos que luchar por una sociedad más justa, si queremos mejorar la salud de todos: la salud colectiva. De esta manera el concepto de salud pasa de ser un tema médico a convertirse en un asunto ético, social y político, en el que todos tenemos algo que decir.

### *3. El proceso de envejecimiento*

> *"Desde que nacemos, envejecemos: vivir es envejecer y envejecer es vivir".* Rocío Fernández- Ballesteros.

Este es un libro para prepararnos para la vida, para reflexionar como envejecer activamente sin hacernos "viejos".

Buscamos vivir más y mejor: ¿cómo podemos alargar nuestra vida?, ¿cómo vivir con las mejores condiciones?, ¿cómo envejecer con buena calidad de vida?

Podemos asegurar que el envejecimiento:

- Comienza el día que nacemos.
- Se produce a lo largo de toda la vida.
- Se pierde pelo a los 40. Salen canas.
- Nos hace cansarnos más a partir de los 60.

Aunque esto no es general:

- Hay corredores de maratones con más de 70 años.
- Hay quién no pierde el pelo.
- También hay "viejos" con 20, 30, 40 años. Pasivos y dependientes por decisión personal.

La vejez es un estadio o etapa evolutiva más de nuestra vida: infancia, adolescencia, juventud, madurez, vejez...

## ¿Dónde empieza la vejez?

- Generalmente en nuestra sociedad se denomina "Tercera Edad": comienza a los 65 años, en el momento de la jubilación laboral y se supone que termina a los 80, pero no hay consenso general.
- La "Cuarta Edad" o Vejez: se inicia a los 80 años y termina a los 90.
- Se habla de Longevidad a partir de los 90 y termina cuando mueres.

*"Los que en realidad aman la vida son aquellos que están envejeciendo".* Sófocles.

En esta sociedad nadie nos prepara para esta etapa, que puede ser la mejor o la peor de nuestra vida. Dependerá mucho de la actitud con la que la afrontemos.

Las distintas formas de envejecer no están determinadas ni prefijadas. No podemos obviar que existen variables genéticas que juegan un papel importante en el envejecimiento, pero también el individuo es responsable, con sus acciones y comportamientos a lo largo de su vida, de que su envejecimiento sea más o menos satisfactorio y libre de dependencia.

Está demostrada la gran importancia de los modelos de vida saludable para mantener la actividad hasta edades avanzadas. Actualmente las capacidades de la persona, sus expectativas vitales y sus posibilidades de participación en todos los ámbitos sociales, se prolongan mucho más tiempo que en décadas anteriores.

## *4. Conceptos básicos sobre envejecimiento*

*"Nada nos hace envejecer con más rapidez que el pensar incesantemente en que nos hacemos viejos".* Georg Christoph Lichtenberg.

**¿Qué es el envejecimiento normal?** Son cambios graduales biológicos, psicológicos y sociales asociados a la edad. Son inevitables y ocurren como consecuencia del paso del tiempo.

**¿Qué es el envejecimiento patológico?** Son los cambios que se producen como consecuencia de enfermedades, malos hábitos, etc. No forman parte del envejecimiento normal. En algunos casos pueden prevenirse o ser reversibles.

**¿Qué es el envejecimiento óptimo?** Es el envejecimiento que tendría lugar en las mejores condiciones posibles (físicas, psicológicas, sociales), teniendo en cuenta los múltiples factores que intervienen en el proceso del envejecimiento. Es el deseable por todas las personas.

El envejecimiento satisfactorio lo obtienen aquellas personas que favorecen la promoción de su salud (física y psicológica), fomentando su autonomía, mediante la práctica de ejercicio físico o el entrenamiento de sus capacidades cognitivas, mejorando su autoestima, manteniendo hábitos de vida saludables, etc., de forma que eviten, en la medida de lo posible, la dependencia y el aislamiento con el establecimiento, por ejemplo de redes sociales.

*"Saber envejecer es la obra maestra de la vida, y una de las cosas más difíciles en el arte dificilísimo de la vida".* Amiel.

## ¿A qué se denomina "Vejez Saludable"?

Según la Organización Mundial de la Salud (OMS), son tres los pilares del **envejecimiento activo**:

El bienestar físico, mental y social: *la salud.*

La *participación en la sociedad* de acuerdo con las necesidades, capacidades y deseos de las personas mayores, tanto individual como colectivamente.

La *seguridad y la protección,* los cuidados a las personas que necesitan asistencia.

Los *determinantes* de una vida saludable: el envejecimiento activo de las personas depende de una diversidad de influencias o "determinantes". Comprender la evidencia empírica de estos determinantes nos ayudará a tomar conciencia de nuestra situación. Son determinantes:

- Transversales: la cultura y el género.
- Conductuales.
- Relacionados con factores personales.
- Relacionados con el entorno físico.
- Relacionados con el entorno social.
- Económicos.
- De la salud.

El código genético es básico, así como el cuidado de nuestro cuerpo, los aspectos psicológicos y sociales y nuestros hábitos de vida.

## ¿Qué se entiende por envejecimiento?

El proceso de envejecimiento es inherente a la condición humana, por lo que es aconsejable, aunque no fácil, asumirlo con naturalidad. No podemos evitar que cada día que pase seamos más viejos que el anterior, pero sí que el miedo o la tristeza marque esa etapa de nuestra vida y la de nuestros seres queridos.

En nuestros días envejecimiento puede significar achaques, dolores, problemas, dependencia, soledad..., pero no siempre ha sido así y no tiene por qué serlo.

El mejor punto de partida para cambiar esta visión se encuentra en una pregunta: ¿cómo queremos vivir la vejez? No es frecuente que este interrogante surja en una persona joven o de mediana edad. Se obvia y se ve como algo lejano y ajeno, cuando lo cierto es que mañana seremos nosotros los que viviremos la realidad en la que hoy se encuentran nuestros mayores.

La vejez es un destino que nos afecta a todos. El envejecimiento no es algo estático, rígido, sino dinámico y cambiante. Si echamos la vista atrás vemos que la vida de nuestros abuelos no es igual que la de nuestros padres o la de nuestros hijos. Por ello la vejez no es ni será la misma. Será diferente en cada generación, al igual que es cambiante la sociedad en la que vivimos.

No hay cambios ni mejoras si nadie se implica. De nosotros depende la transformación de la imagen del envejecimiento.

Hay que insistir con los medios que tenemos a nuestro alcance para que la sociedad en la que vivimos, aprenda a valorar el envejecimiento, respete y no relegue a un sector de la población que en breve estará constituido por los que en estos momentos marcan las leyes, los comportamientos, el reparto de bienes y las decisiones.

## Formas de envejecer

Se puede envejecer de forma acelerada, con el objetivo de ganar "años a la vida" y con el riesgo de un alto grado de dependencia, o bien se puede envejecer a un ritmo normal, con la meta de dar "vida a los años" y con un bajo grado de dependencia que se centraría en la última etapa. Con seguridad todo el mundo prefiere este segundo tipo de envejecimiento.

Eso es posible en la actualidad. Se conoce con el nombre de **envejecimiento saludable** o **envejecimiento activo** y numerosos estudios avalan sus resultados de menor dependencia, tanto física como mental (menor deterioro cognitivo, afectivo y social).

Envejecimiento no es sinónimo de enfermedad, de dolor, de necesidad de ayuda, de demencia... Todo ello es sinónimo de un mal envejecimiento.

Envejecer con salud, pese a lo que en principio se puede pensar, no requiere una gran cantidad de dinero y está al alcance de todos, si sabemos cómo hacerlo.

## *5. Teorías sobre el envejecimiento*

El mundo científico está altamente interesado por el envejecimiento, pero hoy no se conoce el mecanismo concreto por el que se envejece.

Sí que se han delimitado factores que influyen en este proceso vital.

Todos los estudios afirman que existe una base genética sobre la que actúan distintos agentes externos -que van desde el tabaco hasta diversas patologías- que acortan la vida o aceleran el envejecimiento.

Las teorías más destacables sobre la biología del envejecimiento son las siguientes:

- **Teoría endocrina.** El envejecimiento se produce por una pérdida de las secreciones hormonales, en especial de las glándulas sexuales, que produciría el decaimiento orgánico.

- **Teoría del reloj biológico.** El proceso de envejecimiento está genéticamente programado. Existe el llamado gen del envejecimiento que, en un momento determinado, provocaría la aparición de los cambios moleculares, celulares y de los sistemas del organismo.
- **Teoría de los radicales libres.** Se basa en un fenómeno común que se produce en las células vivas de los organismos que necesitan del oxígeno para vivir. Las reacciones químicas generan los radicales libres. Su acumulación produce alteraciones de la función celular causando su muerte.

Todos los seres vivos siguen un proceso por el que se nace, se crece, se madura, se envejece y se muere. En la naturaleza encontramos unas vidas que no alcanzan las 24 horas, es el caso de algunos protozoos unicelulares, y otras que llegan a los 129 años, como la tortuga de Carolina.

El ser humano se halla entre los más longevos. Su máximo de vida, marcado genéticamente, está situado alrededor de los 120 años.

**Diferentes tipos de edades:**

Para definir el grupo de edad que llamamos "mayores", hay que detenerse en distintas concepciones de dicho término.

1. **Edad cronológica:** es la edad que se determina por la fecha de nacimiento. De forma general, las estadísticas sobre los mayores fijan su comienzo en los 65 años.

2. **Edad física o biológica:** es la edad en relación con el grado de envejecimiento. No existe en la actualidad ninguna prueba capaz de determinar la edad biológica de una persona, pero es evidente que unas personas envejecen con más rapidez que otras. Normalmente, la mayoría de las personas

no toman conciencia del hecho de que envejecen hasta que no ven alteradas sus actividades cotidianas.

3. **Edad psicológica:** es la determinada por los rasgos psicológicos de cada grupo de edad. Cada edad tiene los suyos, por lo que sería un grave error pretender que una persona de 80 años pensara como uno de 40 o uno de 20. Los rasgos psicológicos negativos no deben de asociarse a la edad. Relacionada con la edad biológica, se refiere a las capacidades adaptativas conductuales, como la percepción, la memoria, el aprendizaje y la creatividad. Aunque se asocia con la edad biológica, una disminución en la potencia y vigor biológico del organismo, puede que no se acompañe de una disminución en la capacidad de razonamiento y abstracción.

4. **Edad social:** está marcada por las circunstancias económicas, laborales y familiares que rodean a la persona. La jubilación marca una edad social por pertenencia a un grupo social con importantes cambios en diferentes aspectos (laboral, económico y de recursos). Ésta designa los papeles que se puede, se debería, se pretende, se desea o han de desempeñarse en la sociedad. Determinados papeles de la sociedad pueden entrar en conflicto con la arbitrariedad de la edad cronológica y con la edad psicológica, constituyendo una disonancia.

5. **Edad autopercibida:** este concepto de edad es uno de los más importantes, puesto que una persona es mayor si se siente mayor. Nos referimos a cómo y cuándo cada uno se define como mayor. Se puede tener mucha edad y no definirse como mayor o tener menos años y sí hacerlo.

6. **Edad según mitos:** abunda la confusión entre hechos científicos y mitos o estereotipos que la sociedad tiene con respecto a las personas mayores.

La existencia de una correlación entre estas seis edades es lo habitual. ¿Cuál de ellas es la más importante? A las personas mayores, cuando se les pregunta por ello y por su relevancia, sitúan la edad cronológica como la menos importante. Lo fundamental no es tener 85 años, sino sentirse de acuerdo con su edad, su salud y su rol social.

Al conjunto de las edades biológica, psicológica y social se le conoce con el nombre de ***edad funcional***, es decir, edades en que la persona es capaz de realizar una vida autónoma (con capacidad de decisión) e independiente (no necesita de una persona para realizar las actividades básicas, de relación y sociales de la vida diaria).

### *6. Consecuencias del aumento de la esperanza de vida*

En la demografía del envejecimiento, se entiende por "Envejecimiento de la población" el aumento de la proporción de personas de edad avanzada sobre el total.

Este término hace referencia a todas aquellas personas con una edad igual o superior a los 65 años, límite que se utiliza para diferenciar la población activa y la jubilada.

El índice de envejecimiento en España representa el 17% de sus 46 millones de habitantes. Un indicador que, junto al número de mayores, adquiere especial relevancia es el denominado envejecimiento del envejecimiento. La línea divisoria que separa a la persona mayor de la persona muy mayor se sitúa por encima de los 80 años.

Los octogenarios han registrado en las últimas décadas un incremento del 1300%, con lo que su número ronda el millón y medio de personas. Este envejecimiento poblacional tiene un reparto territorial desigual en España. El mayor número de personas de edad se localiza en las provincias más pobladas. Las personas de edad son ante todo "urbanas", es decir, residen en municipios de más de 10.000 habitantes, más de 4,2 millones de personas mayores de 65 años. Y esa tendencia parece que va en aumento.

Las implicaciones de esto son enormes en todas las áreas: para la planificación de la jubilación, los costes de salud, los modelos de trabajo, las estrategias en educación, la ocupación de las personas de edad y que se encuentren en muy buenas condiciones, etc.

Haber ganado cerca de 30 años en la esperanza de vida en países como Canadá, Australia, Japón, España o Italia, "llama la atención por el hecho de ser una de las mayores hazañas del siglo XX".

El progreso continuo de la longevidad en las poblaciones indica que aún no estamos cerca del límite, y que es probable que haya un nuevo aumento en la esperanza de vida.

### Un nuevo enfoque

De estos datos, podemos extraer algunas conclusiones:

- Si las personas tomáramos conciencia de que podemos vivir hasta los 100 años, organizaríamos nuestra vida de otra manera.
- Es preciso que invirtamos en nosotros mismos.
- Tenemos que adquirir un conjunto de habilidades que nos permitan afrontar una nueva etapa, antes inexistente.

Se trata de una revolución demográfica incomparable a todo lo que hemos vivido hasta ahora.

### *7. Evolución, tipologías y problemáticas ante la jubilación*

Respecto a la Jubilación, según la "Encuesta sobre personas mayores" realizada en España por el IMSERSO en 2010, las personas mayores sienten ante ella: un vacío el 12%, una liberación el 16%, sin importancia el 55% y NS/NC el 17%.

La jubilación suele suponer un cambio brusco de la actividad a la inactividad y personalmente un nuevo ajuste a este cambio de vida. Es un proceso continuo en el que pueden suceder diferentes fases:

1. **Fase de prejubilación**. La persona se plantea expectativas sobre cómo será su jubilación y se fija objetivos más o menos alcanzables.

2. **Fase de luna de miel**. En ella se intenta hacer todo lo que se deseó y no se pudo cuando se trabajaba, o descansar, disminuyendo cualquier tipo de actividad.

3. **Fase de desencanto**. Por ella pasan los que no son capaces de encontrar actividades satisfactorias, al no cumplirse sus expectativas.

4. **Fase de reorientación**. En la que se empiezan a formar expectativas más realistas sobre la jubilación.

5. **Fase de estabilización**. Se consigue un ajuste entre las percepciones y la realidad.

No todas las personas pasan por las mismas etapas ni necesariamente en el mismo orden.

La pérdida del rol productivo que supone la jubilación, puede provocar dificultades de adaptación. Las modificaciones de la capacidad adquisitiva, de las habilidades o capacidades personales, de las relaciones con otros y de la propia identidad, pueden resultar estresantes.

Algunas personas ven su jubilación como un periodo de decadencia, de pérdida de funcionalidad y valor social y todo se les viene encima... Sin embargo, no todas las personas cuando dejan de trabajar se ven afectadas por una crisis, ni ésta se presenta de la misma manera siempre.

## ¿Cuales son hoy las nuevas actividades tras la jubilación?

La "Encuesta del IMSERSO 2010", revela que el 60 % de las personas que se jubilan, inician nuevas actividades: el 26.6% comenzaron a hacer deporte, el 12.2% iniciaron cursos de manualidades y el 8.8% hicieron turismo

## Jubilación y vejez: no es lo mismo

Hace años se pensaba que la jubilación y la vejez estaban fuertemente unidas. Hoy, debido al incremento de la esperanza de vida, esta relación se ha fragmentado.

Teniendo en cuenta que según algunas estimaciones, en España la actividad laboral se prolonga hasta los 62,9 años en los hombres y hasta los 61,5 en las mujeres, unas cifras, en general, más elevadas que en otros países de la Unión Europea, la esperanza de vida se prolongará durante veinte o treinta años.

## Una nueva realidad respecto a la jubilación

La imagen y la edad del jubilado no es la misma que años atrás. Muchas personas mayores de 65 años trabajan. Por ejemplo médicos, actores, juristas, catedráticos de universidad, políticos, etc., permanecen activos laboral y vitalmente después de alcanzar esa edad.

Otros, por el contrario, son relegados de la actividad laboral a edades prematuras, debido a problemas graves de salud, prejubilaciones o expedientes de regulación de empleo. La jubilación, por tanto, no tiene por qué identificarse con edad avanzada.

El vivir más años, conlleva la necesidad de definir un plan y prepararse para afrontar esta nueva etapa antes inexistente o pasiva y que actualmente es necesario llenar con un desarrollo personal.

Indicadores recogidos en el Libro blanco del Envejecimiento Activo en España informan que:

- El 53% de personas mayores inician nuevas actividades después de los 65 años.
- El 43% de nuestros mayores quiere participar activamente y de manera integral en la sociedad española.
- Un 28% pertenecen a alguna organización y un 8% realizan labores de voluntariado.
- Las personas mayores expresan una clarísima voluntad de autonomía, un 87% desea vivir en su casa el mayor tiempo posible, pero, a la vez, desean mantener relaciones familiares intensas. Fruto de esto y de la gran solidaridad intergeneracional que demuestran, un 70% contribuyen al cuidado de sus nietas y nietos.
- El ejercicio físico y la formación educativa son actividades emergentes entre las personas mayores: el 86% no han superado los estudios primarios, pero ya en el año 2007, el 8% declararon haber participado en actividades educativas.
- El 45,5% destaca que goza de buena salud.

Es fundamental que a cualquier edad (jóvenes, adolescentes, adultos, personas mayores, o muy mayores) se tenga en cuenta que la dependencia se puede prevenir, que se puede lograr un envejecimiento o, mejor dicho, una forma de envejecer saludable. Es necesario empezar desde la infancia con esta prevención, que no es otra cosa que hábitos de vida saludable y útiles.

El compromiso de un envejecimiento saludable es un compromiso con la buena salud y consiste en:

- Adquirir una serie de hábitos de vida saludables (nutrición, ejercicio físico, mental y afectivo, abandono del consumo de alcohol y tabaco).
- Seguir los controles médicos de salud recomendados.

## *8. En qué consiste el envejecimiento activo y saludable*

Escribió Enrique Miret Magdalena, que vivió más de 95 años: *"Yo he vivido muchos años y conocido muy diversas situaciones. Y soy, sin duda, mayor; mas no por eso me siento viejo. Gozo de buena salud, soy activo, dedicando mi tiempo a lo que me gusta y es mi verdadera vocación [...] Me siento razonablemente feliz, incluso más de lo que era antes.*

*[...] Cuando veo gente mayor que está arrumbada sin ánimo ni ilusión, o tienen una índole pesimista ante lo que ocurre en el mundo, y frente a su cercano panorama [...] me pregunto: ¿por qué les ocurre esto?"*

### Concepto de envejecimiento activo

En los últimos veinticinco años ha surgido un nuevo paradigma del envejecimiento que se ha llamado, entre otros: saludable (OMS, 1990), buen envejecer (Fries, 1989), competente (Fernández-Ballesteros, 1996), con éxito (Rowe y Kahn, 1987; Baltes y Baltes, 1990) o activo (OMS, 2002).

El concepto ha ido evolucionando, desde la definición de envejecimiento saludable (centrado en la salud), hacia un modelo mucho más integrador, como el de envejecimiento activo (OMS, 2002), definido como **"el proceso de optimizar las oportunidades de salud, participación y seguridad en orden a mejorar la calidad de vida de las personas que envejecen".**

El objetivo es extender la calidad, la productividad y esperanza de vida a edades avanzadas. Además de seguir siendo activo físicamente, es importante permanecer activo social y mentalmente, participando en actividades creativas, de voluntariado o remuneradas, culturales, sociales, de ocio y educativas.

Las **políticas de acción** propuestas por la OMS (2002) para potenciar los determinantes psicológicos y conductuales del envejecimiento activo son:

1. Reducir los factores de riesgo asociados a enfermedades e incrementar los de protección de la salud a través de hábitos saludables y ejercicio.
2. Promover los factores de protección del funcionamiento cognitivo.
3. Promover las emociones y un afrontamiento positivo.
4. Promover la participación psicosocial.

Desde el punto de vista de la Psicología de la salud, los profesionales de la Psicología han enfatizado la importancia que tienen los estilos de vida sanos (ejercicio físico, dieta, no fumar, beber moderadamente, la adherencia al tratamiento, etc.) y ejercen un papel esencial en la promoción de la salud y la prevención de la enfermedad.

Por otra parte, el declive cognitivo inherente al paso del tiempo puede ser compensado con ejercicios. Incluso, la actividad intelectual a lo largo de la vida se considera un factor de protección de la demencia.

Así mismo, la auto-eficacia para envejecer o la percepción de control interno son buenos predictores de envejecimiento activo. Variables de personalidad como el **optimismo** y el **pensamiento positivo** están asociadas a la satisfacción con la vida en la vejez. El **afecto positivo** reduce la mortalidad de las personas mayores.

En este sentido, personas con una imagen positiva del envejecimiento (evaluadas 25 años antes) vivieron 7,5 años más que aquéllas con una imagen negativa. La actitud o afecto positivo es un protector contra el declive físico y funcional en mayores.

Finalmente, el modelo de envejecimiento activo apunta la importancia de las relaciones sociales, la competencia social, la participación y la productividad.

Los expertos coinciden en que el envejecimiento activo es un concepto biopsicosocial y, por tanto, no se reduce al mantenimiento de una buena salud libre de discapacidad, sino que también implica el mantenimiento óptimo de aspectos psicológicos y sociales.

**Se puede aprender a envejecer activamente.**

Por lo tanto, cuando nos planteamos un envejecimiento activo y saludable pretendemos:

- Maximizar la relación calidad-cantidad de vida.
- Vivir más años y mejor.
- Alargar la vida en mejores condiciones.
- Seguir participando activamente en la vida personal, familiar, social...
- Disfrutar del ocio y tiempo libre.
- Mejorar la calidad de vida.
- Mantener la autonomía.

*"En un seminario que desarrollaba sobre "Vida activa" con un grupo de la Universidad de Mayores de la Complutense de Madrid y ante reflexiones y sugerencias de como envejecer activamente, uno de los participantes expuso cómo su padre, que había tenido una vida con hábitos poco saludables(fumador, bebedor, consumo elevado de grasas...),*

*falleció a los 64 años de un infarto de miocardio. Pero su madre, que mantuvo una vida de hábitos saludables, a los 68 años padeció la Enfermedad de Alzheimer que la hizo sufrir bastante a ella y sobre todo a su entorno hasta los 88 años que murió. Después de analizar este hecho de vida, concluimos entre todos que a pesar de que existan estas realidades, es necesario hacer lo que está en nuestra mano para cuidarnos y mantenernos activos.*

El libro que tienes en tus manos no pretende ser un manual de instrucciones sobre cómo envejecer, pero si pretende servirte de ayuda ante tu proceso de envejecimiento. Para ello, he buscado información actual y científicamente contrastada sobre el tema respecto a cuestiones de gran relevancia que, a menudo, forman parte de las preocupaciones a las que las personas nos enfrentamos con el paso de los años.

Entender el proceso de envejecimiento como una fase de la evolución de la vida y no como sinónimo de decadencia. Desterrar estereotipos ligados al envejecimiento que suponen un impedimento para vivirlo en plenitud.

Tradicionalmente, la vejez se ha asociado a un estado de deterioro y pérdida de capacidades físicas y mentales. Afortunadamente, se están cambiando estas ideas hacia una cultura positiva del envejecimiento. Este libro cumplirá su objetivo si contribuye a potenciar una percepción optimista de la longevidad, a desterrar mitos sobre el envejecimiento y a motivar a vivir activamente esta etapa y a no limitarse a dejarla pasar.

# II. Superando estereotipos

Un estereotipo es una imagen global, no fundamentada científicamente, más pasional que racional, con que se pretende definir, tipificar y caracterizar a la generalidad de los individuos de una raza, un pueblo, un grupo social, etc.

Constituyen creencias u opiniones sin ninguna consistencia que la sociedad adopta sin someterlos al juicio de la experiencia o del conocimiento directo.

- Son parte de nuestra cultura y se transmiten de generación en generación.
- Se pueden clasificar como: sexistas, étnicos, culturales, religiosos, sociales, nacionalistas, clasistas…
- Pueden ser positivos, negativos o neutros.
- Tienden a crear generalizaciones sobre determinados colectivos de una sociedad.
- Afectan de forma directa a grupos sociales concretos que pasan a ser percibidos por los demás de una manera prejuiciosa.
- Son muy resistentes a cambiar, aunque existan evidencias de que no son ciertos.
- Los medios de comunicación son instrumentos socializadores que contribuyen a perpetuar y difundir estos estereotipos. En Internet se difunde publicidad no solicitada o spam en cantidades masivas a correos electrónicos y redes.

## Estereotipos negativos hacia las personas mayores

El fenómeno de los estereotipos negativos hacia las personas mayores ha sido objeto de numerosos estudios desde que Butler (1969) acuñó el término *ageism*, que engloba tanto a los estereotipos que soportan las personas por razón de su edad como las actitudes y prejuicios de que son objeto y que Palmore (1990) ha denominado "el tercer istmo", en referencia a que sus consecuencias ocupan un lugar semejante a las del racismo y el sexismo.

Existe un cuerpo amplio de trabajos en los que se demuestra el impacto que las imágenes sociales y los estereotipos tienen en la conducta y en la autopercepción de las personas.

En un documento de la OMS (1990) se afirma que es posible que los estereotipos negativos de la vejez influyan en determinados aspectos de la salud mental de la población anciana, de forma que acaben convirtiéndose en profecías de autocumplimiento para muchas personas mayores. Además considera que, aunque se tomen medidas compensatorias, va a ser muy difícil para la mayoría de la población conseguir una vejez saludable, si las imágenes negativas de la vejez son compartidas por el grupo social en general, por los agentes sociales del cambio que se desea producir, es decir, por los profesionales de la salud y de la medicina, y por las propias personas mayores.

La última etapa de vida no puede separarse de los aspectos sociales y de las circunstancias personales de los individuos, pero tampoco de las oportunidades que se tienen para tomar parte activa y responsable en el propio proceso de envejecimiento. Así, por una parte es la sociedad, con las expectativas de roles, la que moldea a determinados grupos de sujetos en el sentido de una actividad corporal y mental más reducida en la edad avanzada. Pero también es el propio sujeto quien se hace responsable de asumir tales expectativas y de adoptar conductas y actitudes que le perjudican.

Es importante abordar, desde distintas vertientes, la amplia red de actitudes y creencias erróneas determinadas por la sociedad y por uno mismo, que pueden hacer que la vejez sea vivida por muchas personas como un estigma.

El estereotipo negativo de las personas mayores está tan interiorizado en ellas mismas como en la sociedad.

**El Edadismo**

Consiste en el mantenimiento de estereotipos y actitudes prejuiciosas o de discriminación hacia una persona mayor, únicamente por el propio hecho de tener mucha edad.

Los mayores tienden a adoptar la imagen negativa dominante en la sociedad y a comportarse de acuerdo con la misma, que define lo que una persona mayor debe o no debe hacer. Esto puede conllevar:

- Una pérdida prematura de independencia.
- Aislamiento.
- Mayor discapacidad.
- Pérdida de autoestima.
- Mayores índices de depresión.
- Ansiedad/Estrés.
- Percepción de incompetencia.
- Mortalidad anticipada.

El término "viejismo" es muy normal y se presenta en nuestra sociedad siempre impregnado de prejuicio, rechazo y discriminación hacia las personas mayores.

Ese mismo término es asumido, pero en otro sentido por ciertas personas mayores que generalmente poseen mejores niveles educativos y que lo aplican a otros de su misma edad, bajo la consideración de que "viejos son los otros".

**Estereotipos negativos frente a las personas mayores, arraigados en nuestra sociedad actual**

- Todas las personas mayores están enfermas o con discapacidades físicas, psíquicas o sensoriales.
- Son frágiles y dependientes.
- Son como niños.
- Difíciles de tratar. Cascarrabias. Malhumoradas.
- Están aisladas. No se relacionan socialmente.
- Son muy parecidas. Predomina la lentitud.
- Padecen trastornos cognitivos (demencias…).
- Son aburridas. No tienen hobbies ni alicientes.
- Son pobres.
- Son demasiado desinhibidas (viejos verdes).
- No son solidarias.
- Son personas sedentarias.
- No tienen capacidad ni interés por aprender.

También se extienden diferentes mitos, según recoge una publicación realizada por el Gobierno Vasco sobre "Estereotipos asociados a las personas mayores":

- **El mito del "envejecimiento cronológico".** Generalmente medimos al individuo por el número de años. Cuando hay "jóvenes" de 80 años y "viejos" de 45.
- **El mito de "la máscara del envejecimiento".** El cuerpo envejece pero la persona se siente sin edad. A veces el mayor expresa el sentimiento de estar como atrapado en un cuerpo envejecido.
- **El mito de "la pérdida de autonomía".** Cuando en su mayoría las personas mayores son autónomas e independientes.
- **El mito de "la senilidad".** Que se manifiesta por una pérdida de la memoria, atención, confusionismo y depresiones. Pero hoy se está superando el "modelo deficitario de la vejez".

- **El mito de que "las personas mayores son incapaces de aprender".** Todo ser humano y no sólo la persona mayor puede verse afectado en su capacidad de aprendizaje. El deterioro físico no necesariamente va acompañado con un deterioro mental.
- **El mito de "una vejez necesariamente desgraciada".** Acompañada de abandono, dolor, enfermedad y decrepitud. Pero ésta puede ser una etapa de júbilo, plenitud, lucidez y bienestar.
- **El mito de "la enfermedad".** Muy a menudo la vejez es sinónimo de enfermedad cuando hoy sabemos que la esperanza de vida ha alcanzado unos límites inimaginables y que la salud y la enfermedad no son patrimonio de nadie.
- **El mito de "la improductividad".** El jubilado es considerado como no productivo, no consumista, no útil y es soportado como una carga para la Sociedad.
- **El mito del "descompromiso o desvinculación social".** Se le considera como una persona retirada de los intereses vitales, como si estuviera fuera de la circulación.
- **El mito del "aislamiento social".** Se suele considerar a la persona mayor como alguien aislado de su familia y un recluido de la sociedad. También se cree que éstas personas sienten menos interés por "el sexo", cuando es justamente en esta etapa cuando aumenta la aptitud emocional y la capacidad de amar.
- **El mito de "la inflexibilidad".** Se le considera incapaz de cambiar y de adaptarse a las nuevas situaciones. Cuando hoy, más que nunca, las Personas Mayores buscan el aprendizaje y la cultura en todos los sentidos para estar más acordes con los cambios que aporta esta sociedad tecnológica y cambiante.

- **El mito del "conservadurismo".** Es verdad, que la persona mayor es conservadora en el buen sentido de la palabra porque es la depositaria de las tradiciones y del saber hacer, pero también sabe adaptarse a los nuevos tiempos con una gran apertura de espíritu.
- **El mito de que "Todos los viejos son iguales".** La persona mayor es catalogada como si estuviera dentro de un colectivo homogéneo. La Tercera Edad abarca un colectivo muy amplio y por consiguiente bastante heterogéneo.
- **El mito de "la serenidad".** Aunque aparentemente, éste pueda ser considerado como un aspecto positivo que hace del abuelo una persona que vive idílicamente en un paraíso terrenal, sabemos que es más propenso a las enfermedades, al estrés y a la soledad.
- **El mito de "la niñez".** A menudo consideramos a los mayores como si estuvieran viviendo una segunda infancia y solemos decir que "son como niños".
- **El mito del "mal genio".** Muchas veces pensamos que las personas mayores tienen que ser personas serias y por consiguiente incapaces de sonreír y vemos en ellas al eterno "cascarrabias" siempre irritado e inadaptado a los nuevos tiempos.

A lo largo de los siguientes capítulos, esperemos desmontar estos estereotipos y mitos.

> *"Ha sido establecido científicamente, que el abejorro no puede volar.*
>
> *Su cabeza es demasiado grande y sus alas demasiado pequeñas para sostener su cuerpo. Según las leyes aerodinámicas, sencillamente no puede volar. Pero nadie se lo ha dicho al abejorro.*
>
> *Así es que vuela."* Paulina Readi Jofré.

# III. Aspectos físicos

*"No hay jóvenes y viejos; sólo jóvenes y enfermos"*. Pedro Laín Entralgo.

Antes de adentrarnos en los distintos aspectos físicos, existen unas premisas claras que debemos desarrollar a lo largo de nuestro ciclo vital:

- Así como nos cuidemos y nos tratemos, iremos envejeciendo.
- Las intervenciones que crean ambientes de ayuda y que fomentan opciones saludables, son importantes en todas las etapas de la vida.
- El ritmo del declive de la capacidad funcional (respiratoria, fuerza muscular y rendimiento cardiovascular) viene determinado, por factores relacionados con el estilo de vida adulta, como el tabaquismo, el consumo de alcohol, el nivel de actividad física y la dieta y con factores externos y medioambientales.
- La pendiente del declive puede llegar a ser tan inclinada que dé lugar a una discapacidad prematura. Podemos llegar a ser dependientes de la ayuda de otras personas.
- Se puede influir sobre la aceleración de este declive y hacerlo reversible a cualquier edad mediante posturas individuales y medidas de salud pública.

## *La aceptación de los cambios*

> *"Un rostro sin arrugas, es un pliego de papel en el que no hay nada escrito"*. Richter.

Podemos afirmar con rotundidad que "hay que aceptar los cambios para sentirnos felices". A lo largo de nuestra vida hemos vivido muchos cambios, y sabemos lo importante que es adaptarse a ellos para sentirnos bien. Y si de cambios hablamos, ¡qué decir de los de nuestro cuerpo!

Contemplando fotos pasadas vemos cuánto hemos cambiado. Nuestro cuerpo no es el mismo. Esas arrugas reflejan el paso del tiempo y, por tanto, también las huellas de la vida: las alegres y las tristes. Cada etapa de la vida tiene su forma y su expresión. Tenemos que conocerlo, cuidarlo y quererlo para sentirnos más felices.

Mírate al espejo sin compararte contigo cuando eras joven. Ahora tenemos que aspirar a otro tipo de belleza, esa que sólo se logra gracias a la edad, cuando tenemos más seguridad y más confianza en nosotros mismos.

## ¿Qué hacer ante los cambios más evidentes?

> *"Cásate con un arqueólogo. Cuanto más vieja te hagas, más encantadora te encontrará"*. Agatha Christie.

La Sociedad Española de Geriatría y Gerontología nos hace diversas recomendaciones:

**LA PIEL.** Con la edad, la piel pierde elasticidad, aparecen las arrugas. También aparecen manchas, ya que el pigmento que hay en ella se distribuye de manera irregular. Para cuidarla:

- Mantener una buena hidratación, bebiendo agua en cantidad suficiente, usando cremas hidratantes, y teniendo una alimentación rica en vitaminas.
- Hay que protegerse del sol, utilizando prendas de vestir adecuadas y cremas con protección solar.

Los efectos beneficiosos del sol los tendremos simplemente por el hecho de caminar al aire libre.

No dudar en acudir al médico cuando una mancha de la piel crece, se modifica en su aspecto o cambia de color.

**EL PELO.** Las canas no son un problema de salud, aunque la estética que se nos inculca nos haga ocultarlas con frecuencia.

Otro tanto cabe decir de la calvicie, casi exclusivamente masculina, un problema estético para algunos con pocas soluciones reales y bastante engorrosas.

**LA TALLA.** ¿Por qué nos volvemos más bajos? La talla disminuye básicamente por dos motivos: porque nuestra columna vertebral se modifica y porque nuestra postura cambia, nos encorvamos un poco. Para controlar esto:

- Cuidar que la alimentación sea rica en calcio.
- Caminar a buen ritmo, no menos de media hora diaria. Mejor en compañía.
- Seguir los consejos del médico. En el caso de las mujeres: revisión en la menopausia y cumplir el tratamiento para la osteoporosis (si es necesario).

**EL PESO.** Con el paso de los años nuestro cuerpo sufre la pérdida de agua corporal, disminución de la masa muscular y suele aumentar la grasa, tendente a depositarse en determinadas zonas (cintura, abdomen…).

- Son indispensables: la hidratación, nutrición y ejercicio. Podemos controlar el peso si ejercitamos nuestros músculos y nos alimentamos correctamente.
- Nuestro peor enemigo es la inactividad. Hay que adecuar la actividad a nuestra forma física y no dudar en consultar al médico.

Tanto la delgadez como el sobrepeso y la obesidad son signos de malnutrición.

### Cuidar el aspecto físico

Lucir un buen aspecto físico nos ayuda a sentirnos mejor por dentro y por fuera, sin necesidad de convertirnos en esclavos de la apariencia externa.

Tener un buen aspecto físico no consiste solamente en lucir bien, sino en sentirse bien con uno mismo. Es importante a la hora de aumentar el bienestar personal. Una vida saludable mejora siempre nuestro aspecto.

> *"Cuando envejecemos, la belleza se convierte en cualidad interior".* Ralph Waldo Emerson.

## *La menopausia y la andropausia*

### ¿Qué es la menopausia?

Es el periodo en el que termina la fase reproductiva de la mujer. La menopausia empieza al terminar la última menstruación. Se considera la última menstruación, después de no haberla tenido de forma natural en un año.

Con el tiempo, los ovarios pierden gradualmente la habilidad de producir estrógeno y progesterona, las hormonas que regulan el ciclo menstrual. Como los estrógenos disminuyen, se tienen menstruaciones muy seguidas o muy separadas y aumentan o hay cambios en la cantidad de menstruación.

La menstruación puede retirarse antes debido a una enfermedad o a una histerectomía. En estos casos hablamos de menopausia inducida.

En Europa y en América del Norte, la menopausia se produce en torno a los 51-52 años de edad.

La **perimenopausia** es el periodo de cambios graduales que llevan a la menopausia. Algunas mujeres pueden experimentarla a partir de los 35 años. La perimenopausia puede durar unos meses o años.

La **postmenopausia** es el periodo después de la menopausia.

**Los síntomas de la menopausia**

Son diferentes e individuales en cada mujer. La duración y severidad son variables. Aproximadamente en el mundo occidental el 12% de las mujeres no notan síntomas menopáusicos significativos y en torno al 14% advierte algún problema físico o emocional.

**Síntomas psicológicos de menopausia.** La ansiedad, la disminución de capacidad de concentración, la irritabilidad y los cambios de humor, son los síntomas psicológicos más habituales. Los estudios indican que en muchos casos la aparición de síntomas depresivos está más relacionada con otras circunstancias que con la menopausia. Los cuidados de familiares mayores, jubilación, divorcio o viudedad, crecimiento de los hijos y emancipación..., ocurren alrededor del periodo de menopausia.

Para paliar estos síntomas emocionales, compartir la experiencia con otras mujeres y hacer ejercicio regularmente ayudará a mantener el equilibrio psíquico, hormonal y a preservar la fuerza ósea.

***Calores* y otros síntomas vasomotores.** *Los calores* son el síntoma más común de la menopausia. Pueden comenzar 4 años antes de que finalice la menstruación, pero continúan generalmente un año o dos después. *Los calores* son ondas repentinas de calor del cuerpo, generalmente en la cara o el pecho. Pueden acompañarse de palpitaciones, transpiración, enfriamiento o sudoración nocturna. Producen cambios en el control de la temperatura del cuerpo.

**Interrupciones del sueño.** Durante la menopausia pueden experimentarse distintas disfunciones del sueño. Dificultad para conciliar el sueño, despertarse muy temprano o durante la noche e insomnio. Todo esto puede conducir a la fatiga durante el día.

**Problemas sexuales y genitales.** La sequedad vaginal y menor elasticidad en los tejidos son características en la menopausia debido a la disminución del nivel de estrógeno. La sequedad vaginal a veces puede causar irritación y dolor durante el coito e incluso dificultar el orgasmo. Los lubricantes vaginales pueden ser una buena solución.

**Problemas urinarios.** La incontinencia aumenta con la edad y hay evidencia de que la pérdida del estrógeno desempeña un papel importante. Durante la menopausia, los tejidos en la zona urinaria también cambian, a veces esto provoca mayor susceptibilidad a la pérdida involuntaria de orina, particularmente si ciertas enfermedades crónicas o las infecciones urinarias están también presentes. Es muy recomendable ejercitar la musculatura de la vejiga con diferentes ejercicios.

**Tratamiento.** Lo primero es liberarse de las connotaciones culturales y sociales que conlleva la palabra “menopausia” o “menopaúsica”. Es un proceso natural que como tal hay que vivirlo.

- Conocer las muchas opciones disponibles actualmente que no implican tomar hormonas.
- Cada mujer es diferente.
- El médico debe conocer la historia clínica completa antes de prescribirte cualquier tratamiento.
- Hay distintas alternativas. Existen productos naturales para reducir los sofocos. Se pueden tomar algunas medidas para paliar los síntomas y así evitar o reducir la ingesta de hormonas:
  - Evitar la cafeína, el alcohol y los alimentos muy condimentados.
  - Consumir alimentos de soja.
  - Tomar alimentos ricos en vitamina D y calcio.
  - Hacer ejercicio.
  - Realizar los ejercicios de Kegel diariamente para fortalecer los músculos de la vagina y la pelvis (Ver Glosario).
  - Practicar respiraciones lentas y profundas cada vez que se presente un sofoco (practicar 6 respiraciones por minuto).
  - Permanecer sexualmente activa. Usar lubricantes durante la relación sexual, en caso necesario.
  - Acudir a un acupuntor o a un homeópata.
  - Practicar técnicas de relajación como yoga, tai chi o meditación.

## ¿Qué es la Andropausia?

> *"Los hombres son como los vinos: la edad agria los malos y mejora los buenos"*. Cicerón.

Cuando los hombres llegan a los 40 y hasta los 55 años de edad, pueden experimentar un fenómeno similar a la menopausia femenina, denominada andropausia. A diferencia de las mujeres, los hombres no tienen signos claros, como el cese de las menstruaciones, para marcar dicha transición. Ambos, sin embargo, están caracterizados por una caída en los niveles hormonales. El estrógeno en la mujer y la testosterona en el varón. Los estudios demuestran que esta caída de testosterona representa un riesgo de padecer otros problemas de salud, como cardiopatías o huesos frágiles.

Suelen ir parejos a un momento en que los hombres comienzan a cuestionar sus valores, logros y el rumbo de su vida. Muchas veces es difícil advertir que los cambios se relacionan con algo más que condiciones externas.

Esos cambios en el cuerpo ocurren muy gradualmente en el hombre y se acompañan de cambios de actitud y estado de ánimo, fatiga, pérdida de energía, impulso sexual y agilidad física.

## Una caída hormonal gradual

A diferencia de la menopausia, la "transición" del hombre puede ser mucho más gradual y extenderse durante décadas. La actitud, el estrés psicológico, el alcohol, las lesiones o cirugías, medicamentos, obesidad e infecciones, pueden contribuir a su comienzo.

Si bien con la edad prácticamente todo hombre tendrá una disminución en sus niveles de testosterona, no existe manera de predecir quién tendrá síntomas andropaúsicos lo suficientemente severos como para buscar ayuda profesional. Tampoco es predecible saber a qué edad comenzarán los síntomas en una persona y además pueden ser diferentes en cada hombre.

Existe gran variabilidad en los niveles de testosterona entre los hombres sanos, de manera tal que no todos experimentarán los mismos cambios en la misma medida.

En el año 2004 se dieron a conocer los resultados de la Primera Encuesta Nacional sobre Salud del Hombre y andropausia en España. Una de sus principales conclusiones fue "la necesidad de incrementar el conocimiento que existe sobre la andropausia, puesto que el 70% de los hombres españoles de entre 45 y 74 años no la conocen, si bien un alto porcentaje (52%) de esta población tiene una sintomatología relacionada con este síndrome, que afecta no sólo a la calidad de vida, sino a funciones físicas y mentales"

Los cambios en la esfera sexual que experimentan los varones que la manifiestan, alrededor de la mitad de la población masculina en edades próximas a los 60 años, son los derivados del progresivo descenso en los niveles de testosterona por la disminución de manera natural y progresiva de la función testicular como:

- Menor impulso sexual.
- Cambios emocionales, psicológicos y de conducta.
- Menor masa muscular.
- Pérdida de la resistencia muscular.
- Aumento de la grasa corporal a nivel central y superior del cuerpo.
- Osteoporosis o huesos débiles y lumbalgia.
- Riesgo Cardiovascular.

## ¿Por qué debemos tomarnos la andropausia seriamente?

Además del impacto que podría tener en nuestra calidad de vida, existen otros efectos a largo plazo y silenciosos que son más difíciles de rastrear: mayor riesgo cardiovascular y de osteoporosis.

## ¿Qué hacer cuando disminuye la testosterona?

El periodo de la andropausia ha de tomarse en cuenta porque la testosterona dejaría de intervenir en las actividades corporales antes mencionadas. Es por eso que se recomienda, cuando se comienzan a sentir ciertos síntomas, acudir a un profesional de la salud para poder saber cual es la mejor alternativa para cada hombre, ya sea en cuestión de la alimentación, hábitos o actitudes. De no tomarse en cuenta este periodo u omitir una responsabilidad ante los síntomas, la disminución de testosterona podría acarrear problemas a largo plazo que no se notan de momento, pero que más tarde podrían afectar la calidad de vida, como son el riesgo cardiovascular, osteoporosis, fractura de cadera, etc.

## *Educación para la salud y hábitos de vida saludables*

> "*Los pecados de la juventud se pagan en la vejez*". Proverbio Latino.

La adopción de estilos de vida saludables y la participación activa en el propio autocuidado son importantes en todas las etapas de la vida.

Los factores sociales y culturales se interrelacionan con los físicos y biológicos para formar el panorama total en que se desarrolla el fenómeno epidemiológico de las enfermedades: aparición, difusión, mantenimiento y prolongación de los problemas.

Hay condiciones culturales y sociales que influyen sobre el nivel de salud de las colectividades. Al analizar la multiplicidad de causas que intervienen en la aparición del desequilibrio de la relación salud-enfermedad, siempre encontramos que éstas derivan de imperfecciones de la organización social humana.

En las prácticas diarias y en general en todos los aspectos de la vida, el ser humano aprende conductas y pensamientos construidos por la colectividad en la que se desenvuelve, que se convierten en habituales. De igual manera, muchas de esas prácticas y actitudes se hacen costumbre y se arraigan en su modo de vida.

Uno de los mitos sobre al envejecimiento gira en torno a la idea de que, en la vejez, ya es demasiado tarde para adoptar un estilo de vida saludable.

Al contrario, implicarse en una actividad física adecuada, una alimentación sana, no fumar y el consumo prudente de alcohol y medicamentos en la vejez puede evitar la discapacidad y el declive funcional, prolongar la longevidad y mejorar la propia calidad de vida desde el primer día.

> *El Abuelo Ángel fumó desde los 12 años. Es difícil encontrar una fotografía familiar en la que no tenga un cigarro en su mano. Era característica su constante tos. Padecía bronquitis crónica. Sabía que debía dejar de fumar. Falleció a los 67 años.*

## *La alimentación*

> *"El anciano es un hombre que ha comido, y que observa como comen los demás".* Balzac.

Una buena alimentación te permite mantener un buen estado de salud.

Una dieta desequilibrada, tanto desde el punto de vista cuantitativo como cualitativo, aumenta el riesgo de sufrir enfermedades y reduce la calidad de vida.

La alimentación tradicional de los españoles se basaba en el consumo de alimentos saludables que contribuían a la prevención de enfermedades a largo plazo: se tomaban muchos cereales (sobre todo integrales) y muchas legumbres, frutas, verduras y hortalizas; el consumo de lácteos, carnes y pescados era moderado; se utilizaba aceite de oliva para cocinar y aliñar, y se bebía un poquito de vino tinto en las comidas.

Esta dieta era lo más parecido a la "dieta mediterránea", cuyas bondades para nuestra salud, combinada con otros hábitos de vida saludables (ejercicio físico diario, consumo moderado de alcohol y no fumar) están más que demostradas.

Se deben tomar comidas con el menor aporte de grasas, azúcar y sal. Reducir los alimentos de origen animal, en beneficio de un mayor consumo de hidratos de carbono, de frutas y verduras, que son una fuente importante de vitaminas, minerales y fibra.

Los problemas de alimentación en todas las edades incluyen tanto la desnutrición como el consumo excesivo de calorías, más frecuente en nuestra sociedad. Este consumo aumenta considerablemente el riesgo de sufrir obesidad, enfermedades crónicas y discapacidades a medida que las personas nos vamos haciendo mayores.

Alimentarse sano no significa renunciar al buen sabor y placer de comer. Un buen desayuno, un buen almuerzo y una cena ligera son la clave para equilibrar tu medio interno.

## Pautas de alimentación saludable

### *Es conveniente:*

Ajustar la cantidad que comes al gasto energético que tengas; eso bastará para mantener el peso apropiado.

- Dar preferencia al aceite de oliva sobre otras grasas.
- Tomar todos los días algo de pan y un plato principal compuesto de patatas, arroz o pasta con una guarnición a base de verduras.

- Consumir 3 veces a la semana un plato de legumbres.
- Comer al menos 3 piezas de fruta al día.
- Tomar productos lácteos a diario.
- Beber cada día entre 1,5 y 2 litros de agua.
- Cocinar los alimentos a la plancha y no fritos.

### *No conviene:*

- Consumir alimentos azucarados a diario.
- Tomar en una misma comida o cena, pescado y carne, pues supone un aporte excesivo de proteínas.
- Consumir más de 5 huevos a la semana.
- Abusar de bebidas alcohólicas (es aceptable un poco de vino para acompañar las comidas principales).
- Tomar más de seis gramos diarios de sal.

Si queremos tener una vejez saludable, debemos cuidar de nuestra alimentación desde hoy.

> *La abuela Encarna tenía una frase muy característica: "Escucha a tu cuerpo. No comas lo que no te sienta bien". Murió con 91años.*

## *El ejercicio físico*

La participación periódica en actividades físicas moderadas puede retrasar el declive funcional y reducir el riesgo de enfermedades tanto en las personas maduras sanas como en aquellas que sufren dolencias crónicas.

Por ejemplo, la actividad física moderada de forma regular reduce el riesgo de muerte cardiaca de un 20% a un 25%, entre las personas con una enfermedad cardiaca probada (Merz y Forrester, 1997).

También puede reducir sustancialmente la gravedad de las discapacidades asociadas con enfermedades cardíacas y otras enfermedades crónicas.

Un estilo de vida activo mejora la salud mental y suele favorecer los contactos sociales. El hecho de estar activo puede ayudar a las personas a hacer perdurable una mayor independencia, además de reducir el riesgo de caídas.

## Produzcamos endorfinas

Cuando realizamos ejercicio físico, nuestro cuerpo produce de manera natural una hormona responsable de aumentar la alegría y de eliminar el dolor, esta hormona recibe el nombre de endorfina.

Como todas las hormonas, la endorfina es una sustancia bioquímica que en este caso actúa como analgésico y euforizante natural. Es considerada la verdadera droga de la felicidad, teniendo en cuenta además, que se trata de una sustancia química natural producida y elaborada por nuestro cuerpo, que no causa ningún efecto secundario y que con ella se obtienen excelentes resultados.

Quienes hacen ejercicio regularmente seguro que han tenido una sensación de alegría, de felicidad y ganas de vivir después de hacerlo. Aún cuando han tenido un día complicado, se sienten inmersos en una sensación euforizante que nace de nuestro cerebro.

### *Dormir bien*

Dormir es una necesidad fisiológica. Nuestro sueño de adultos es un reflejo de cómo ha sido a lo largo de nuestra vida. Con el paso del tiempo, podemos haber notado que el sueño es más ligero y en ocasiones, más difícil de conciliar. Siempre se pueden mejorar nuestros hábitos para dormir mejor. Un sueño reparador es garantía de salud.

**Sugerencias para dormir bien**

La Sociedad Española de Geriatría y Gerontología nos hace diversas recomendaciones:

- Procurar acostarse siempre a la misma hora.
- Acostarnos para dormir sólo cuando tengamos sueño.
- Si después de acostarnos, no conseguimos dormir, probemos a salir de la cama y hacer algo relajante como tomar un vaso de leche, leer, etc.
- Procurar levantarnos siempre a la misma hora y no dormir durante el día.
- No tomar excitantes; tampoco comidas copiosas en la merienda y cena.
- Realizar ejercicio durante el día y no hacerlo antes de acostarse.
- Mantener una temperatura agradable en el dormitorio y evitar ruidos y luces.
- Ir a la ducha antes de acostarse.
- Aprender y practicar relajación.

Si cumples con estas medidas, especialmente la de no dormir por el día, corregirás la mayor parte de los problemas de sueño.

Si continúas sin poder dormir, puede que padezcas insomnio. Acude a tu médico. Él analizará la causa de tu problema y te prescribirá el tratamiento adecuado.

No te automediques. Los medicamentos para el sueño tienen efectos secundarios y pueden provocar dependencia y trastornos: caídas, estreñimiento, menor concentración, entre otros.

## *Cuidado de la vista y el oído*

> *"La vejez tiene dos ventajas: dejan de dolerte las muelas y se dejan de escuchar las tonterías que se dicen alrededor".*
> George Bernard Shaw.

Vigila los cambios sensoriales y actúa lo antes posible.

Muchas personas piensan que oír o ver mal "son cosas de la edad" y hay que acostumbrarse a vivir con ellas. Esto no es cierto. Hay cambios que son normales como la presbicia o "vista cansada", o la dificultad para oír los sonidos muy agudos. Sin embargo, todas hay que estudiarlas y tratarlas ya que, además, algunas dificultades sensoriales son consecuencia de una enfermedad.

### Qué hacer para prevenir las pérdidas visuales y auditivas

Es muy importante tener una vida saludable, sin fumar, con una buena nutrición y práctica de ejercicio para evitar que algunos problemas como la diabetes, la hipertensión o el colesterol alteren nuestros sentidos.

El médico puede identificar la presencia de enfermedades en tu vista u oído. También es importante evitar los grandes ruidos y proteger nuestros ojos del sol.

### Enfermedades más frecuentes que originan problemas de audición:

- La producción de cera favorece la aparición de tapones de cerumen que pueden provocar hipoacusia, precisando la extracción del tapón.
- La otosclerosis, ocasionada por la afectación de los huesecillos del oído, es un padecimiento crónico, de

predominio familiar y que suele manifestarse pronto en la vida, aunque sin que nos demos cuenta de él en muchas ocasiones. Necesita tratamiento quirúrgico.
- La presbiacusia, es un envejecimiento exagerado del oído, la hay de distintos tipos y generalmente se soluciona con audífonos.

## Enfermedades que originan problemas de visión

- Cataratas: la lente que hay en el ojo, el cristalino, se vuelve opaca. Se soluciona mediante la cirugía, sustituyendo el cristalino dañado por una lente.
- Degeneración macular: es una enfermedad que afecta a la visión central, por lo que dificulta la lectura o el reconocimiento de objetos y personas de cerca. Aunque no se dispone de soluciones definitivas, se trata con láser y otros medios.
- Glaucoma: se produce daño en el nervio óptico, el que trasmite las imágenes al cerebro y nos permite ver, generalmente por tener la presión del ojo elevada. Se trata con diversos medicamentos y a veces con láser u otras cirugías.

## Debes acudir al médico cuando:

- No puedes seguir una conversación cuando están hablando dos o más personas.
- Si tienes problemas para mantener una conversación telefónica.
- Si notas cambios, pérdidas de visión o deslumbramiento excesivo.
- Si tienes dolor en los ojos, enrojecimiento o cualquier otro síntoma.

### *Problemas cardiovasculares*

Las enfermedades cardiovasculares son aquellas que afectan al corazón o a los vasos sanguíneos. Pueden ser de diversos tipos: hipertensión arterial, enfermedad coronaria (cardiopatía isquémica), enfermedad valvular cardiaca, enfermedad cardiaca reumática y accidente cerebrovascular (trombosis o derrame cerebral).

Especial mención merece el Accidente Vascular Cerebral que puede ser Isquémico o Hemorrágico. El Hemorrágico representa el 20% de todos ellos y el Isquémico el 80% restante y se le conoce como ictus, Embolia o Trombosis Cerebral.

Un ictus es un trastorno brusco de la circulación cerebral, que altera la función de una determinada región del cerebro. Se presenta de forma brusca, suelen afectar a personas ya maduras –aunque también pueden producirse en jóvenes- y son la consecuencia final de la confluencia de una serie de circunstancias personales, ambientales, sociales, etc. Accidente cerebrovascular, ataque cerebral o apoplejía son utilizados como sinónimos de ictus.

Las tres cuartas partes de los ictus afectan a pacientes mayores de 65 años, y debido a las previsiones de población, se prevé un incremento de la incidencia y prevalencia de esta patología en los próximos años.

Alrededor de 135.000 personas han sido víctimas de esta epidemia silenciosa en el 2010. El 10% fallece en el primer ataque y representa la primera causa de muerte entre las mujeres y la segunda en el hombre en España. Un 30% de los supervivientes tendrán alguna discapacidad y la tercera parte de ellos será en grado severo y con gran dependencia.

Los expertos coinciden en que las enfermedades cardiovasculares son prevenibles de forma integral:

- Desde antes de que ocurra, siguiendo hábitos de vida saludables, estimándose que en torno a un 75% de las causas de estas enfermedades están relacionadas con factores como el tabaquismo, el sedentarismo, la hipertensión, la diabetes o la obesidad.
- Mediante la detección precoz.
- Son prevenibles también sus impactos negativos una vez que se ha manifestado la enfermedad.

## *El tabaquismo*

> *"Al cumplir los setenta años me he impuesto la siguiente regla de vida: no fumar mientras duermo, no dejar de fumar mientras estoy despierto y no fumar más de un tabaco a la vez"*. Mark Twain.

A pesar del propósito de Mark Twain, el consumo de tabaco es el factor de riesgo modificable más importante para las enfermedades no trasmisibles, tanto en los jóvenes como en las personas mayores y una importante causa de muerte prematura que se puede evitar.

Fumar no sólo aumenta el riesgo de enfermedades como el cáncer de pulmón, sino que también está relacionado negativamente con factores que pueden llevar a importantes pérdidas de la capacidad funcional. Por ejemplo, fumar acelera la tasa de reducción de la densidad ósea, de la fuerza muscular y de la función respiratoria.

El riesgo de contraer al menos una de las enfermedades asociadas con el hábito de fumar aumenta con la duración y la cantidad de la exposición al humo del tabaco.

Las ventajas de dejar de fumar son muy amplias y aplicables a cualquier grupo de edad. Nunca es demasiado tarde para dejar de fumar. Por ejemplo, el riesgo de accidente cerebrovascular se reduce después de dos años de abstenerse de fumar cigarrillos y, después de cinco años, llega a ser igual que para las personas que nunca han fumado.

Fumar puede interferir en el efecto de los medicamentos necesarios. La exposición pasiva al humo del tabaco también puede tener un efecto negativo sobre la salud de las personas mayores, especialmente si están aquejadas de asma u otros problemas respiratorios.

*El abuelo Castor era un fumador empedernido, tenía los dedos marrones de la nicotina de los cigarrillos "Celtas cortos". A los 65 años, diagnosticada una angina de pecho, dejó de fumar. Murió a los 91 años. Durante sus últimos 26 años disfrutó de una buena calidad de vida.*

### *El consumo de alcohol*

Aunque las personas mayores tienden a beber menos que las jóvenes, los cambios metabólicos que acompañan al envejecimiento aumentan su predisposición a las enfermedades relacionadas con el alcohol, entre las que se incluyen la desnutrición y las enfermedades hepáticas, gástricas y del páncreas.

Las personas mayores también presentan un mayor riesgo de caídas y lesiones relacionadas con el alcohol, así como posibles peligros provocados por la mezcla de alcohol y medicamentos.

Según la OMS, hay pruebas de que el consumo de pequeñas cantidades de alcohol (hasta un vaso al día) puede proporcionar cierto grado de protección contra la cardiopatía coronaria y el ictus en las personas que superan los 45 años de edad. Sin embargo, según ciertos estudios, desde el punto de vista de la mortalidad global, los efectos adversos de la bebida superan cualquier protección contra la cardiopatía coronaria, incluso en las poblaciones de alto riesgo.

Es aconsejable abandonar todas las bebidas gaseosas porque tienen carbonato de sodio, azúcar y cafeína. En la madurez, estas sustancias vapulean al páncreas y al hígado hasta desgastarlos.

Aunque todas estas pautas son buenas, debemos tomarlas sin exagerar, sobre todo, sin dogmatizar. El cuerpo tiende a metabolizar bien si se produce algún exceso esporádico.

## *La salud bucal*

Una mala salud bucal, especialmente la caries dental, las enfermedades relacionadas con las encías, la pérdida de los dientes y el cáncer bucal, produce problemas de salud generalizados.

Los estudios demuestran que una mala salud bucal se asocia a la desnutrición y, en consecuencia, aumenta los riesgos de contraer diferentes enfermedades no transmisibles.

Existen diferentes programas e informaciones de promoción de la salud bucal y de prevención de la caries, diseñados para animar a las personas a conservar su dentadura natural. Se debe comenzar a edad temprana y continuar durante toda la vida.

### Necesidad de una higiene buco-dental

Los problemas y enfermedades odonto-estomatológicas más frecuentes, debidos a una incorrecta o insuficiente higiene bucodental, son:

- Problemas y enfermedades dentales:
  - Desarrollo excesivo de placa bacteriana y formación de sarro.
  - Halitosis: mal olor del aliento.
  - Caries.
- Problemas y enfermedades periodontales:
  - Gingivitis.
  - Periodontitis: es una enfermedad que puede prevenirse con hábitos de limpieza.

El mejor modo de prevenirlas es una adecuada higiene bucodental y revisiones periódicas al especialista. También es relevante el control de la ingesta de determinados alimentos, como por ejemplo azúcares.

Una higiene bucodental óptima debería establecerse mediante la adopción de 4 hábitos:

- El cepillado: conviene realizarlo después de cada comida. El más importante es el de antes de dormir.
- La limpieza con hilo dental: limpiar los espacios interdentarios con seda, al menos una vez al día.
- El enjuague: usar colutorio, especialmente en caso de gingivitis. Conviene no abusar de estos productos.
- Visita periódica al dentista.

### *Prevención de enfermedades, accidentes y caídas*

> *"El hombre no muere por vejez, sino de enfermedad".*
> Autor desconocido.

Las caídas en las personas maduras representan un importante problema de salud, cada vez más reconocido y estudiado. Las lesiones debidas a estas caídas pueden significar una pérdida de la calidad de vida, carga sobre los cuidadores y un impacto sobre las enfermedades causantes de muerte en esta población.

Aproximadamente el 30% de las personas mayores de 65 años se cae una vez al año y de éstas un 50% se vuelve a caer durante ese año. Con el envejecimiento progresivo de la población es previsible un aumento de la magnitud de este problema de salud.

Una simple caída puede cambiar la vida. Basta con oír lo que dicen algunas de las miles de personas mayores que se caen cada año y se fracturan un hueso.

Factores que influyen en las caídas:

- La osteoporosis, una enfermedad que hace que los huesos se vuelvan muy delgados por lo que pueden romperse fácilmente.
- Enfermedades crónicas. Enfermedad de Parkinson, demencias, enfermedad cerebrovascular.
- Alteraciones visuales. Cataratas, retinopatía, glaucoma, etcétera.
- Sistema vestibular. La pérdida de equilibrio relacionada con la edad.
- Sistema locomotor. Alteraciones osteo-musculares asociadas directa o indirectamente con la edad, así como los problemas de los pies pueden ser una causa más de trastorno del equilibrio y de la marcha.
- Sistema neurológico. Cambios estructurales en la corteza cerebral, por causa vascular o degenerativa.
- Enfermedades agudas. Las infecciosas, y algunas crónicas, como la insuficiencia cardiaca congestiva, pueden precipitar caídas. No es extraño una caída como primera manifestación de una neumonía.
- Uso incorrecto de los medicamentos. No es infrecuente en la población madura el mal cumplimiento en la frecuencia de las dosis, la confusión entre distintos fármacos o la automedicación.

**Algunas sugerencias**

- Pregúntale a tu médico acerca de una prueba llamada densitometría ósea, la cual mide la densidad mineral ósea e indica cuán fuertes son sus huesos.
- Consulta con tu médico y que te proponga un programa especial de ejercicios adecuado para ti.
- El ejercicio regular te ayudará a mantenerte fuerte y a mejorar tu tonicidad muscular. También ayuda a mantener la flexibilidad de sus articulaciones, tendones y ligamentos.
- Hazte un examen de la vista y la audición a menudo. Cualquier cambio pequeño en la vista y la audición puede afectar tu estabilidad.
- Averigua cuáles son los posibles efectos secundarios de los medicamentos que estás tomando ya que algunos pueden afectar tu coordinación y equilibrio.
- Limita el alcohol que consumes. Hasta una pequeña cantidad puede afectar el equilibrio y los reflejos.
- No corras riesgos innecesarios.

## *El consumo de medicamentos*

Muchas personas según van cumpliendo edad pueden tener problemas de salud crónicos, y tienen una mayor probabilidad que la gente más joven de necesitar y usar medicamentos.

Un medicamento es un producto destinado a resolver problemas de salud, con acción terapéutica comprobada, que sirve para curar enfermedades o aliviar dolores u otros síntomas molestos.

Hay dos tipos de medicamentos: los que necesitan receta médica y los que pueden comprarse libremente.

Los medicamentos de venta libre sirven solamente para aliviar síntomas leves (dolores de cabeza, acidez estomacal, tos, resfríos, etc.).

## Cumplimiento terapéutico

El cumplimiento terapéutico implica adoptar y mantener una amplia gama de conductas (por ejemplo, una dieta sana, la actividad física, no fumar), así como tomar los medicamentos bajo la indicación del médico.

Se calcula que en los países desarrollados el cumplimiento terapéutico a largo plazo es sólo del 50% como término medio. Por uso racional de los medicamentos se entiende su uso correcto y apropiado. Para que haya un uso racional, el paciente tiene que recibir el medicamento adecuado y la dosis debida durante un periodo de tiempo suficiente, al menor costo para él y para la comunidad.

## Uso incorrecto de los medicamentos

La OMS calcula que más de la mitad de los medicamentos se prescriben, dispensan o venden de forma inapropiada y que la mitad de los pacientes no los toman correctamente. Este uso incorrecto puede adoptar la forma de un uso excesivo, insuficiente o indebido de medicamentos de venta con o sin receta.

Entre los problemas frecuentes se encuentran:

- La polifarmacia(consumo excesivo de medicamentos).
- El uso excesivo de antibióticos e inyecciones.
- La prescripción no ajustada a directrices clínicas.
- La automedicación inapropiada.

## *Prevención de la dependencia*

> *"Hoy, sólo con una dosis moderada de prevención, la expectativa de una vida completa y saludable no es el privilegio de unos pocos sino la suerte de la mayoría. Por eso las muertes prematuras resultan especialmente chocantes, indefendibles y crueles".* Luís Rojas Marcos.

La especie humana es de las más frágiles en el momento del nacimiento. La autonomía es "la capacidad de controlar, afrontar y tomar, por propia iniciativa, decisiones personales acerca de cómo vivir de acuerdo con las normas y preferencias propias así como de desarrollar las actividades básicas de la vida diaria".

Cualquier persona está expuesta a necesitar en algún momento, de forma temporal o permanente, ayuda para poder llevar a cabo las tareas básicas de la vida cotidiana (asearse, caminar, comer, etc.). Esta necesidad de ayuda se denomina dependencia.

La dependencia es un fenómeno que puede afectar a cualquier grupo de edad, aunque existe una mayor incidencia según vamos cumpliendo años. Sin embargo la dependencia puede presentarse de forma temporal o permanente en cualquier momento de la vida como consecuencia de accidentes o ciertas enfermedades.

No cabe ninguna duda que desarrollar, un envejecimiento activo y saludable nos ayudará a vivir más años y con mejor calidad de vida. Practicar los principios del envejecimiento activo en nuestra vida cotidiana retrasará la aparición de la dependencia de otras personas.

Existe la posibilidad de prevenir la aparición del fenómeno de la dependencia propiciando el desarrollo efectivo de una serie de factores protectores:

- La promoción de hábitos de vida saludables.
- Mejora de la eficacia de los sistemas sanitarios y de promoción de la salud.
- Tratamiento precoz las enfermedades crónicas.
- Detección temprana de las malformaciones congénitas.
- Desarrollo de medidas que reduzcan el número de accidentes (laborales, de tráfico, domésticos).
- Sensibilización y prevención en la aparición de enfermedades incapacitantes (como el sida).

**Recomendaciones para prevenir la enfermedad y con ello la dependencia**

- **Controles de salud:** realizar visitas programadas al médico y/o la enfermera de tu centro de salud. Se ha comprobado que diversos servicios preventivos son muy eficaces en las personas mayores.
- **Hipertensión:** si no eres hipertenso, es necesario que el médico o enfermera te tomen la tensión arterial al menos una vez al año. Si ya lo eres o padeces alguna enfermedad, debes seguir los controles de la tensión arterial.
- **Dislipemias:** son las alteraciones de los niveles de las grasas en sangre. Si presentas factores de riesgo vascular como hipertensión, diabetes, obesidad, tabaquismo o enfermedades isquémicas de la circulación arterial, es necesario realizar al menos una analítica anual de los niveles en sangre del llamado "colesterol malo" y de triglicéridos.
- **Diabetes:** algunas asociaciones científicas recomiendan la medición de glucosa en sangre para las perso-

nas mayores con los factores de riesgo descritos anteriormente.

- **Obesidad y desnutrición:** al menos una vez al año es necesario tallarse y pesarse para poder obtener el llamado Índice de Masa Corporal (IMC).
- **Déficit de visión y de audición:** al menos una vez al año debes someterte a un control que incluya un examen de su agudeza visual y de la tensión ocular.
- **Cáncer:** la edad no es nunca una contraindicación para tratar un cáncer. Sí lo es su extensión, por lo que es muy importante un diagnóstico precoz cuando todavía no está extendido.
- **Cáncer de mama:** se recomienda una mamografía cada dos años hasta los 70 años.
- **Cáncer del cuello uterino:** se debe practicar una citología anual hasta los 65 años.
- **Cáncer de colon:** se recomienda un análisis anual de una muestra de sangre oculta en heces.
- **Cáncer de próstata:** algunas asociaciones científicas recomiendan para el varón realizar una vez al año un tacto rectal junto con un análisis de sangre del antígeno específico de próstata entre las edades de 50 a 69 años.
- **Cáncer de piel:** algunas asociaciones científicas aconsejan la exploración anual de la piel de las personas mayores. Ante cualquier cambio que observes en tu piel relacionada con el aumento del tamaño o del color de los lunares, ulceraciones o tumoraciones debes acudir inmediatamente al médico.
- **Depresión:** la depresión necesita un diagnóstico y tratamiento lo más temprano posible para evitar sus consecuencias.
- **Demencia:** la edad avanzada no tiene por qué estar vinculada a una pérdida de la memoria y lo que es más

importante, no tiene por qué acarrear una pérdida de autonomía en actividades instrumentales de la vida diaria como saber comprar, manejar el teléfono, utilizar el dinero, controlar la medicación, orientarse en la calle o con el uso de los transportes públicos. Si presentas algún tipo de alteración de la memoria o problemas en relación con las actividades descritas, consulta a tu médico.

- **Pérdida funcional:** cumplir años no es sinónimo de que pierdas la capacidad de andar, tengas incontinencia de esfínteres, no te puedas vestir, asear o realizar las actividades descritas en el apartado anterior. Ante cualquier pérdida funcional acude a tu médico y ten presente que si ésta se produce no es a causa de la edad. Siempre existe una causa subyacente que es necesario conocer cuanto antes porque cuanto más tiempo pases incapacitado más difícil será tu recuperación.
- **Vacuna de la gripe:** todas las personas mayores de 65 años deben vacunarse anualmente contra la gripe.
- **Vacuna neumocócica:** todas las personas mayores de 65 años deben vacunarse al menos una vez en su vida de la vacuna neumocócica, que previene las infecciones pulmonares del neumococo, es decir de la neumonía.
- **Vacuna antitetánica:** es necesario que todas las personas mayores de 65 años estén correctamente vacunadas del tétanos. Si no estás protegido, que es lo más frecuente, debes acudir a tu médico para que te pongan la vacuna.

# IV. Aspectos psicológicos

*"Envejecer es como escalar una gran montaña; mientras se sube las fuerzas disminuyen, pero la mirada es más libre, la vista más amplia y serena".* Ingmar Bergman.

Los factores psicológicos como la inteligencia y la capacidad cognoscitiva (por ejemplo, la capacidad de resolver problemas y adaptarse a los cambios y a las pérdidas) son potentes predictores del envejecimiento activo y la longevidad (Smiths, 1999).

Durante el envejecimiento normal, algunas capacidades cognitivas (como la velocidad de aprendizaje y la memoria) disminuyen de forma natural. Sin embargo, estas pérdidas pueden compensarse por un incremento de la sabiduría, los conocimientos y la experiencia.

A menudo el declive del rendimiento mental se desencadena por el desuso (falta de práctica), la enfermedad (depresión), los factores conductuales (consumo de alcohol y medicamentos), los factores psicológicos (falta de motivación, bajas expectativas y falta de confianza) y los factores sociales (soledad y aislamiento) más que por el envejecimiento en sí mismo.

La manera de afrontar las circunstancias adversas determina lo bien que las personas se adaptan a las transiciones (como la jubilación) y las crisis del envejecimiento (como la pérdida de un ser querido y la aparición de enfermedades).

Los hombres y las mujeres que se preparan para la ancianidad y se adaptan a los cambios, se ajustan mejor a la vida después de los 60 años. Muchas personas siguen teniendo capacidad de resistencia a medida que envejecen y, por lo general, los ancianos no se diferencian de los jóvenes, de modo significativo, en su capacidad de enfrentarse a la adversidad.

### Renovarse o morir

> *"Nadie envejece por vivir; sólo por perder interés en vivir".*
> Marie Beynon Ray.

Existe una fábula atribuida al Coach inglés Rick Wallstein que aporta la siguiente reflexión:

> *"El águila, es el ave que posee la mayor longevidad de su especie. Llega a vivir 70 años.*
>
> *Pero para llegar a esa edad, a los 40 años de vida tiene que tomar una seria decisión. A los 40 años sus uñas curvas y flexibles, no consiguen agarrar a las presas de las que se alimenta. Su pico alargado y puntiagudo, también se curva.*
>
> *Apuntando contra el pecho están las alas, envejecidas y pesadas por las gruesas plumas. ¡Volar es ahora muy difícil!*
>
> *El águila, tiene sólo dos alternativas: morir o enfrentarse a un doloroso proceso de renovación que durará 150 días.*
>
> *Ese proceso consiste en volar hacia lo alto de una montaña y refugiarse en un nido, próximo a una pared, donde no necesite volar.*
>
> *Entonces el águila comienza a golpear con su pico la pared, hasta conseguir arrancárselo.*
>
> *Debe esperar a que nazca un nuevo pico con el cual después va a arrancar sus viejas uñas.*

*Cuando las nuevas uñas comienzan a nacer, prosigue arrancando sus viejas plumas.*

*Y después de cinco meses, sale victorioso para su famoso vuelo de renovación y de revivir 30 años más."*

Cuando nos preguntamos: ¿Por qué renovarnos? Sería conveniente tener en cuanta la vida del águila.

Sobre todo cuando accedemos a la jubilación o cuando tomamos conciencia y sentimos los primeros síntomas de envejecimiento.

Debemos desprendernos de ataduras, costumbres y otras tradiciones del pasado. Solamente libres del peso del pasado, podremos aprovechar el valioso resultado de una renovación, ya que como al águila nos merece la pena.

## *Los cambios psicológicos*

*"Una bella ancianidad es, ordinariamente la recompensa de una bella vida". Pitágoras.*

En el capítulo anterior, analizamos los cambios físicos que se producen según vamos cumpliendo años. Ahora veremos los cambios psicológicos más destacables.

Diversos estudios afirman que el cerebro disminuye en peso y tamaño, produciéndose una pérdida progresiva de neuronas. También existen otros cambios que inciden en nuestra vida cotidiana:

### Modificaciones sensoriales

- **Vista:** puede producirse caída del párpado, mayor sensibilidad a la luz y dificultad a la adaptación en la oscuridad, disminución de la agudeza visual, etc.

- **Oído:** endurecimiento del tímpano y la consecuente pérdida de audición.
- **Olfato:** atrofia de las fibras olfatorias.
- **Gusto:** las papilas gustativas disminuyen, otras se atrofian y dificultad para discernir sabores.
- **Tacto:** menor sensibilidad táctil y dolorosa, esto puede producir dificultad para reconocer objetos.

Se puede concluir que, aunque un examen superficial nos mostraría las personas mayores como casi ciegas, algo sordas o insensibles, esto no es así, ya que la mayoría son perfectamente capaces de seguir con sus actividades. Sus déficits quedan reducidos al máximo con ciertas compensaciones, con lo que las pérdidas son mínimas.

### Capacidad Intelectual

Se ha observado, que la capacidad intelectual de la persona mayor depende, por este orden de: la ocupación previa, el nivel de escolarización, el estado de salud y la edad.

Diversos estudios recogen que:

- La inteligencia que maneja los conocimientos ya adquiridos, no empieza a disminuir hasta los 80 años.
- Se da una gran variabilidad individual en la evolución de las funciones mentales.
- Los procesos de control también pierden eficacia.
- Los procesos de comunicación del cerebro se ralentizan y el tiempo de reacción experimenta una disminución. Los resultados mejoran de manera importante si estas personas disponen de más tiempo para recordar, analizar y responder ante un problema intelectual.

El cambio de la inteligencia global no aparece de una forma general hasta los 70 u 80 años, y aún a estas edades puede ser estimulado con un ambiente adecuado que mantenga las aptitudes.

Aparentemente, un sistema nervioso sano continúa almacenando información con la edad. Las personas mayores demuestran un nivel más alto de ejecución de tests de vocabulario que los adultos más jóvenes, ya que el vocabulario se incrementa con la edad. Se describe con la edad un aumento en el rendimiento verbal.

## Emociones y Sentimientos

Las emociones son una de las áreas más difíciles de estudiar, ya que se trata de algo no solamente físico sino de pensamiento, actitudes, rasgos de personalidad, es decir, algo interno. Pero también influyen variables externas como la educación, la sociedad, la cultura, otras experiencias, así como otras variables internas que llegan a condicionar los sentimientos de las personas, como la salud, nivel económico, situación familiar, etc.

Estos son los aspectos que más cambian con la edad y pueden influir en la persona positiva o negativamente. Pero, ¿resulta verdadera la imagen de las personas mayores irritables y tristes? Si se considera lo que ellas mismas dicen, parece, por el contrario, que disminuyen los estados afectivos negativos, mientras que tienden a estabilizarse los positivos.

Respecto a la estabilidad de sentimientos, parece que la emotividad se mantiene a lo largo del tiempo en la misma dirección y con semejante intensidad. El mayor que de joven era alegre seguirá siéndolo, siempre que en el curso de su historia no se haya alterado la estructura básica de su personalidad.

## Personalidad

Comprende características individuales, formas de ser, estilos de vida, todo lo cual puede resumirse en lo único de cada persona.

Con la edad, se produce un cambio en la percepción de uno mismo, aunque los rasgos de personalidad, en términos de valores y actitudes, muestran una considerable estabilidad en toda la vida adulta, aunque pueden acentuarse los rasgos previos.

Es frecuente un mayor retraimiento, mirar hacia dentro y hacia el pasado. Las relaciones se hacen más egocéntricas y la inseguridad conduce también a la dependencia.

La personalidad se modifica poco con el envejecimiento, aunque algunas personas se adapten mejor que otras. Las que tienen una postura activa y participativa envejecen mejor ya que se interesan por el entorno, por la realidad externa. En contra, los mayores pasivos son poco participativos y muestran desinterés por su entorno, envejecen peor.

La persona mayor normal se caracteriza porque acepta su pasado y mantiene vivo el deseo de seguir conociendo el mundo que le rodea.

### ¿Cómo influye el envejecimiento en la personalidad?

La personalidad se mantiene, lo que puede ocurrir es que se acentúe algún rasgo que antes no era tan patente y que ahora, por la situación personal, se ponga de manifiesto. La estabilidad de los rasgos determina el cómo cada uno afronta distintas situaciones de diferente manera.

### ¿Cómo influye la personalidad en el envejecimiento?

Cada persona adopta un estilo diferente de afrontar la vejez y de lo que este proceso supone.

Estas estrategias están en relación con lo vivido y/o experimentado, que de fondo viene determinado por la personalidad de cada uno.

Diferentes posturas ante la vejez:

- **Tipo maduro:** es la personalidad más sana y la mejor adaptada. Es constructiva en sus interacciones y en sus relaciones con el otro. Se acepta como es, con lo negativo y lo positivo, acepta su vida interior.
- **Tipo casero o pasivo:** alto grado de auto-aceptación pero más pasivo. Las relaciones con los demás se caracterizan por la dependencia. La vejez se ve como desprovista de responsabilidades. Es el "señor de la mecedora".
- **Tipo blindado o defensivo:** la persona se halla bien adaptadas pero es rígida; recurre constantemente a mecanismos de defensa, a fin de mantener su adaptación y enfrentarse a las emociones negativas que surgen en el proceso de envejecimiento.
- **Tipo descontento:** no se adapta a su vejez, se caracteriza por su amargura y agresividad. Es extrapunitivo (castiga a los demás) echándoles la culpa de lo que pasa.
- **Tipo autofóbico:** no acepta su vejez y está mal adaptado. Se echa la culpa a sí mismo (intrapunitivo) de los fallos o dificultades que surgen con el envejecimiento. Suele ver la vejez como algo desmotivador y puede presentar tendencias depresivas.

Los que tienen una postura activa y participativa envejecen mejor, ya que se interesan por el entorno, por la realidad externa.

## Funciones cognitivas

*"Si la mente funciona bien, no hay viejos". Miguel Gila.*

Nuestro cerebro utiliza un repertorio de capacidades sofisticadas que denominamos funciones cognitivas. Nos permiten efectuar actividades como recordar un número de teléfono, reconocer un rostro, calcular mentalmente, conducir, tocar el piano o leer. Son la base del pensamiento, de la acción y de la comunicación. Con el paso del tiempo se producen en ellas diferentes cambios como son:

- **Atención:** la persona no puede prestar atención a diversas actividades a la vez. Es importante que vayan finalizando tareas para evitar la desconfianza y el desánimo.
- **Percepción:** se produce una reducción en la capacidad de recibir y de tratar las informaciones concernientes al entorno. Esta función disminuirá según hayan disminuido los sentidos, así como la capacidad de atención.
- **Aprendizaje:** actualmente se acepta que la asimilación de nuevos conocimientos, aptitudes y hábitos puede tener lugar a cualquier edad, modificándose únicamente la velocidad de asimilación, ya que ésta tiene la misma importancia que cuando se es miembro de la población activa. Lo que se requiere, para un aprendizaje efectivo, es más tiempo y estímulos motivantes adecuados.
- **Autoobservación:** con la vejez aumenta la conciencia sobre uno mismo. Este cambio puede ser en positivo o en negativo. Al coincidir con una serie de pérdidas a nivel laboral, social, económico, etc., junto con la tendencia de la sociedad a ver el envejecimiento como algo patológico.
- **Creatividad y ocio:** se ha comprobado que las personas de edad tienen un nivel alto de satisfacción cuando las actividades que realizan les permiten mantener contactos interpersonales, y/o cuando esa actividad da pie a otras tareas y resultados. También es importante para

la satisfacción personal y en consecuencia para potenciar la creatividad, que la actividad tenga un objetivo o meta y no sólo sirva para emplear el tiempo.

- **Lenguaje:** siempre que no haya alteraciones visuales o auditivas no disminuirá la función, de hecho puede verse aumentada. Los adultos que continúan leyendo, aprendiendo e interactúan con los demás, son menos propensos a perder la memoria o a padecer senilidad que los que se retraen en sí mismos a medida que envejecen. Parece que la mente se puede mantener en mejor forma mediante el ejercicio regular.

### Memoria

Con el envejecimiento es habitual una percepción subjetiva de descenso en la habilidad para adquirir y recordar información. La alta frecuencia de quejas sobre la memoria en personas mayores normales confirma el valor diagnóstico del examen de la memoria y hace de ésta una de las áreas más importantes de investigación sobre el envejecimiento.

En la vejez normal las memorias se afectan en diverso grado. Según diferentes estudios:

- **La memoria primaria o inmediata:** es la que permite recoger información y repetirla de inmediato. La rememoración va a ser más lenta.
- **La memoria secundaria o de fijación:** se deteriora en la vejez, si la cantidad de información excede de 7 dígitos por ejemplo. Con el paso de los años se producen pérdidas por la disminución de la atención y por la calidad de la percepción, que a su vez dependerá del estado de los sentidos.
- **La memoria terciaria o de evocación:** no se afecta o sólo mínimamente.

- **La memoria a corto plazo:** suele ser la que más falla. Si en un primer momento, en la entrada de datos, no se recoge la información, la "huella" de la información a almacenar no tendrá suficiente fuerza para luego ser recordada.
- **La memoria a largo plazo:** la información ya está almacenada de una entrada de datos anterior, de hace tiempo, de un tiempo en el que la atención, la percepción y los sentidos, funcionaban a un nivel superior.

### *Mantener una actitud saludable*

*"Lo que convierte la vida en una bendición no es hacer lo que nos gusta, sino que nos guste lo que hacemos"*. Goethe.

Los hábitos de vida saludable son costumbres, formas y actitudes de vida, comprobadas de forma científica, para evitar que aparezcan las enfermedades y la dependencia. Las personas según vamos envejeciendo, debemos interiorizarlos y comprometernos a llevarlos a cabo. Es un compromiso con la vida: actividad física adecuada, dieta bien equilibrada, prevención de lesiones, interrupción del tabaquismo y del consumo de bebidas alcohólicas, evitar la automedicación, mantener relaciones sociales…

**Es importante tener en cuenta que...**

- Cumplir años no es sinónimo de dependencia y de mala salud.
- La prevención de la dependencia no se compra con dinero, la tiene que realizar uno mismo.
- De ti depende. No olvides que es sencillo y está a tu alcance.

- Tus seres queridos te lo agradecerán y tu mismo notarás la diferencia en algo en lo que tú eres el principal responsable y el mayor beneficiario.

### *Cómo disfrutar una madurez vital feliz*

Las claves están en saber cuidarse. Ir haciéndose mayor con salud, vitalidad y bienestar está al alcance de todos si decidimos seriamente preocuparnos por nuestro cuerpo y por nuestra mente. Esto es posible.

Aspectos fundamentales que debemos tener en cuenta:

1. **Cuidar el cuerpo.** Gozar de buena salud es imprescindible para hablar de felicidad.
2. **Ejercitar la mente.** Si sabemos que los órganos que no se utilizan se atrofian, mucho más nuestro cerebro. Hay que movilizar las neuronas a diario.
3. **Ser optimistas.** Se caracteriza por una disposición personal frente a la vida, aún a pesar de existir lastres que pueden condicionar, como por ejemplo la enfermedad. La felicidad de las personas depende más de una actitud positiva que del estado físico.
4. **Relacionarnos con los demás.** Los otros son para nosotros como el agua y el sol para las plantas.

> *"Un hombre no envejece cuando se le arruga la piel sino cuando se arrugan sus sueños y sus esperanzas".* Grafiti callejero.

## ¿Qué se entiende por Felicidad?

Definir el concepto de felicidad es una tarea difícil.

El ser humano ha tendido siempre a perseguir la felicidad como una meta o un fin, como un estado de bienestar ideal y permanente al que llegar.

Pero la felicidad se compone de pequeños momentos, de detalles vividos en el día a día.

### ¿Qué incluye la felicidad?

Alegría, bienestar, satisfacción, autoestima pero también compromiso, lucha, retos, incluso dolor.

Para algunas personas resulta triste hablar de esta etapa de la vida, cuando sólo llegar a ella debiera ser un motivo de alegría. Poder ser una persona mayor es un logro personal, "toda persona mayor debe sentirse orgullosa por haber llegado ahí".

De hecho, cuando la gente es muy mayor presume de años, y antes de quitárselos, se los suma. Pero es que, además, poder contar con un sector amplio de gente mayor es un triunfo social. "El envejecimiento de un país es consecuencia de su progreso, y en ningún caso debe presentarse como una carga o problema".

### ¿Dónde se busca?

> *"Muchos buscan la felicidad como otros buscan el sombrero: lo llevan encima y no se dan cuenta."* Nikolaus Lenau.

Según Henry Van Dyke: "La felicidad es interior, no exterior; por lo tanto, no depende de lo que tenemos, sino de lo que somos."

Desde un punto de vista psicológico, el estudio del bienestar subjetivo parece preferible al abordaje de la felicidad. Las mismas situaciones, son vividas por distintas personas de forma diferente.

Casi nadie la busca ya en el dinero. Aunque hay quien lo ve con humor como Groucho Marx: "*Hijo mío, la felicidad está hecha de pequeñas cosas: un pequeño yate, una pequeña mansión, una pequeña fortuna…"*

**¿Cómo se aplican estas reflexiones según cumplimos años?**

Parece ser que lo más importante es la autopercepción.

Tres son los elementos en relación con el bienestar subjetivo de las personas:

- Sentirse satisfecho con sus vidas.
- Tener capacidad y competencia para conseguirlo.
- Mantener control sobre su entorno y forma de vida.

Se dice que: "El ser feliz rejuvenece".

Las enfermedades o los sucesos (viudedad, accidentes, etc.) son interpretados de diferentes formas por las personas.

**¿La felicidad varía con la edad?**

Las 10 principales claves para ser feliz son prácticamente las mismas para todas las personas a lo largo de la vida. Lo que varía es el orden de importancia, es decir la jerarquía que se realiza.

En un Estudio de la Universidad de Deusto se propusieron realizar una escala de felicidad, comparando distintas edades. Concluyeron que "la salud" es muy importante para los mayores de 65 años. Los aspectos relacionados con "estudio" o "trabajo" aparecen con menor importancia en la escala de los mayores.

**¿Cómo disfrutar de una vejez feliz desde el punto de vista psicológico?**

Por suerte, cada día abundan más las personas mayores con espíritu y actitudes dinámicas y de esperanza, que son conscientes de que la peor vejez es la del espíritu.

Algunas claves para una vejez plena, pautas para saber vivir en la madurez, pueden ser:

1. Ser conscientes de que la vejez del espíritu, la que nos arrastra a actitudes mentales negativas y derrotistas, no tiene que ver demasiado con la edad cronológica.
2. Tener siempre "un mañana" (un proyecto) que se construye en el día a día, en el vivir plenamente el Hoy, Aquí y Ahora. *"Quien tiene un porqué para vivir encontrará casi siempre el cómo"*, decía Nietzsche. Es fundamental tener, ilusiones, tareas gratificantes a las que dedicar tiempo, entusiasmo y satisfacción.
3. La persona necesita comunicarse, no quedarse en casa, realizarse plenamente como ser social y tener amigos, asistir a reuniones, viajar y no desaprovechar cualquier actividad en las que se comparte la vida.
4. Cuidado de la mente y del corazón. La mente necesita liberarse de pensamientos derrotistas y preocupaciones. Aprender a vivir de forma plena el día a día, en todas las edades, pero más cuando nos hacemos mayores. Dediquémonos solo a vivir y a disfrutar de todo.

## ¿Qué es lo más importante para ser feliz a partir de los 65 años?

Ser mayor con salud, vitalidad y bienestar está al alcance de todos si decidimos seriamente preocuparnos por nuestro cuerpo y por nuestra mente.

Una actitud positiva ante la vida proporciona mayor felicidad en la vejez que el estado de salud, según una investigación de la Universidad de California. El estudio pone fin a la creencia de que el buen estado físico es sinónimo de un envejecimiento óptimo.

La investigación examinó a 500 voluntarios de edades comprendidas entre los 60 y 98 años, que vivían independientemente y que habían padecido diversas enfermedades. Los resultados demostraron que aquellos que pensaban que estaban envejeciendo bien, no siempre coincidían con los que tenían mejor salud.

La percepción que se tiene de uno mismo puede ser incluso más importante que el estado físico, a la hora de considerar que el envejecimiento se está desarrollando adecuadamente.

La preocupación de las personas de edades avanzadas no debe centrarse tanto en el estado de salud como en el cuidado y cultivo de actitudes positivas.

Con respecto a la relación con los demás, la gente que pasa algo de tiempo cada día socializándose, leyendo o participando en otras actividades de ocio, tienen un nivel de satisfacción más alto en la vejez.

La clave de la felicidad está en pensar en positivo, mantener un buen vínculo con los demás (familia y amigos) y saber disfrutar de los placeres de la vida de forma sensata y sin excesos. Además, hay que aprender a proponerse metas alcanzables, ser optimistas, valorarse, aferrarse más al futuro que al pasado, disfrutar del entorno y actuar en conciencia.

## ¿Qué tipo de actividades nos pueden propiciar bienestar personal?

- **Ejercitar la memoria.** Hacer crucigramas, aprender poesías de memoria, leer, escribir tu biografía o las reflexiones de tu vida, organizar los álbumes de fotos, etc. Si es en grupo, mejor. Apúntate a cursos de memoria o a aulas de nuevas tecnologías (informática) en recursos de tu localidad.

- **Caminar media hora al día.** Hay que mantener la autonomía, tenemos que prevenir la dependencia, cuanto más tarde aparezca mejor.
- **Asistir a clases.** Yoga, taichi (ayudan a resolver problemas musculares y propician la armonía cuerpo y mente), natación terapéutica, bailes de salón...
- **Dormir lo suficiente.** Hacerlo en su momento. No se puede estar sesteando todo el día en el sillón y no dormir por la noche. Las necesidades de sueño se reducen con la edad, pero es necesario como mínimo entre 6 u 8 horas al día.
- **Impulsa tu creatividad.** Escribe, pinta, construye, haz maquetas, aprende a tocar un instrumento musical, mantén tu mente inquieta y activa.
- **Prueba diferentes actividades.** Meditación, acupuntura, reflexología, jardinería…, algunas cosas de estas le van muy bien a mucha gente.

No hay mejor momento para ser feliz que ahora mismo.

**Formas para producir endorfinas:**

El método es sencillo, debemos potenciar las situaciones que nos resultan agradables aumentando así nuestro estado de ánimo y como consecuencia se estimulará la producción de esta hormona. Hay que empezar por disfrutar de las pequeñas cosas que nos suceden a diario.

- **Las comidas.** Disfrutando del color, la textura, el aroma, el sabor de comidas saludables estimulamos varios sentidos, esto produce una experiencia sensorial que desarrolla la producción de endorfinas. Debemos eliminar la gula y la comida basura.
- **La música.** Con ella logramos penetrar en una experiencia sensorial tan grande, que ésta influye enorme-

mente en nuestro estado de ánimo. Crear un ambiente placentero, eligiendo la música que más nos relaje o que más nos guste.

- **Los ejercicios físicos.** No necesariamente tenemos que realizarlo encerrándonos en un gimnasio, otras maneras de disfrutar del ejercicio es corriendo, caminando o en bicicleta.
- **La risa.** Es un excelente estimulante del cuerpo tanto físico como emocional, mejora la respiración, libera tensiones y produce endorfinas. Hay que procurar recuperar el buen humor, rescatando la capacidad de reír y la buena predisposición.
- **Las ilusiones sanas.** Se trata de poder disfrutar del futuro, despegándose del pasado y de las experiencias negativas que nos suceden en el presente. Sobreponernos a las adversidades buscando proyectos esperanzadores y soñando con cosas posibles de concretar. Si mantenemos las ilusiones y las expectativas reales lograremos mantener el buen humor y nos será más fácil comenzar cada día.
- **Un hobby.** Cuando sentimos que nuestras reservas de endorfinas se esta acabando, recurrir a una actividad que nos entusiasma es una buena solución.
- **El recuerdo de sucesos felices.** Rememorando momentos felices del pasado, nuestro cerebro los experimenta y los revive como si estuvieran ocurriendo nuevamente, y así recuperamos la alegría.
- **El contacto físico con los otros.** Aumentamos el nivel de producción hormonal cuando tenemos contacto físico con quien nos importa, sabemos que es importante estimular el sentido del tacto, al igual que el del olfato y del oído. Nuestro cerebro aumenta la producción de endorfinas cuando las terminaciones nerviosas se estimulan al sentir cerca a los que más queremos y nos quieren.

- **La vida diaria.** La monotonía, el aburrimiento, la rutina, hacen que nuestro organismo comience a bajar el nivel de producción de endorfinas. Para mantener la estabilidad en esta producción es necesario desarrollar la curiosidad y el interés por variados temas.
- **Los aromas de la vida.** Los olores tienen un gran efecto inconsciente en el estado de ánimo y en los recuerdos. Nuestro cuerpo elabora endorfinas cuando el sentido del olfato se halla estimulado por aromas agradables.

En definitiva, la felicidad:

- Es un estado de ánimo decidido por ti mismo.
- Es una elección que tiene que ver con tu mundo interno, con aquello que tú puedes controlar como tu persona, tu inteligencia, tus habilidades, tus resultados, tus logros, tu vida…

  Debemos situarla en función de nuestro mundo interno, porque sólo así podremos adquirir el control y ser felices.
- No debemos situarla en función al mundo externo, en aquello que no controlas, como el estado de ánimo de tus amigos y familiares, agradarle a los demás, buscar que te quieran, etc. Esto pondría en riesgo tu felicidad, porque le darías a otros esa decisión que te corresponde a ti.

La infelicidad nace de la inconsistencia, de las contradicciones en tu vida, de los conflictos internos, por ejemplo: soy gordo, quiero adelgazar pero me alimento en exceso; soy un fumador, quiero dejar de fumar, pero fumo mucho; quiero ser una persona culta, pero no leo. Todas esas contradicciones en tu vida te llevarán a la infelicidad; porque no te sentirás bien contigo mismo, serás consiente de que pudiste dar más pero no lo hiciste, te sentirás frustrado, te considerarás mal con tu mundo interno, y con todo aquello que controlas pero que no utilizaste bien.

**Reglas para llegar a conseguir una vejez feliz**

El psiquiatra George Valliant, investigador de Harvard, lleva 50 años estudiando la evolución psicológica de 268 varones graduados en esa Universidad (de promociones que van desde 1939 a 1944), y ha concluido en su estudio 7 reglas que se deben seguir para alcanzar una vejez feliz y saludable desde el punto de vista físico y psicológico:

1. Ser capaz de adaptarse psicológicamente a las circunstancias de la vida.
2. Tener un nivel educativo alto.
3. Lograr una relación de pareja estable.
4. No fumar.
5. No abusar del alcohol.
6. Hacer algo de ejercicio.
7 No tener sobrepeso.

Algunos datos de este estudio arrojan que el 50% de los que a los 50 años tenían cinco o seis de estas características llegaron a los 80 años en buen estado físico y mental. De los que sólo cumplían 3 o menos requisitos, ni uno solo alcanzó la octava década de su vida en condiciones satisfactorias.

## *Autopercepción y autoestima*

> *"Una bella ancianidad es, ordinariamente la recompensa de una bella vida".* Pitágoras.

Uno de los temas con gran importancia para conocernos un poquito más, es el de la autopercepción y la autoestima.

La **autopercepción** consiste en percibir nuestras emociones, nuestra personalidad, ideas, deseos..., en definitiva conocernos de la manera más íntima posible, para así poder formarnos una opinión sobre nosotros mismos. Debemos aprender a escuchar nuestra conciencia, de este modo se nos explicarán multitud de comportamientos que hemos realizado y solemos atribuir a causas ajenas a nosotros. Hazte preguntas a ti mismo y procura contestarlas con sinceridad. De este modo tendrás una autopercepción más objetiva.

La **autoestima** es un conjunto de percepciones, pensamientos, evaluaciones, sentimientos y tendencias de comportamiento dirigidas hacia nosotros mismos, hacia nuestra manera de ser y de comportarnos, y hacia los rasgos de nuestro cuerpo y nuestro carácter. Es la percepción evaluativa de uno mismo.

La autoestima es un concepto *gradual*. Las personas podemos presentar uno de estos tres estados:

- **Autoestima alta:** equivale a sentirse confiadamente apto para la vida, sentirse capaz y valioso; o sentirse acertado como persona.
- **Baja autoestima:** es cuando la persona no se siente en disposición para la vida; sentirse equivocado como persona.
- **Término medio de autoestima:** es oscilar entre los dos estados anteriores, es decir, sentirse a veces apto y otras inútil, manifestándose estas incongruencias en la conducta.

La autoestima permite a las personas enfrentarse a la vida con mayor confianza y optimismo, y por consiguiente alcanzar más fácilmente sus objetivos y autorrealizarse.

Con el comienzo de la vejez, la valoración realista se basa en reconocer la disminución de funciones y en que se hace lo que se debe. Los factores que más van a influir en el nivel de autoestima de la persona con el cumplimiento de los años son: la conciencia de edad avanzada que tenga, los estereotipos que le lleguen sobre la vejez y sobre todo, el grado de semejanza de su estilo de vida actual con el de su pasado. Así, cuanto más semejante sea uno y otro, mayor nivel de autoestima tendrá.

Un factor de riesgo importante es la concentración de la autoestima en una sola actividad (ejemplo, trabajo). Si diversificamos la fuente de autoestima, el envejecimiento será más equilibrado, ya que la probabilidad de perder un factor de estima es menor.

**¿Cómo se puede mejorar la autoestima?**

Algunas tribus indias celebran un rito iniciático para el tránsito hacia la vejez. Abandonan a la nueva persona mayor en el bosque y éste tiene que pasar la noche a la intemperie dentro de un círculo de piedras. El objetivo de este ritual es reforzar su autoestima, que se dé cuenta de que se mantiene fuerte aunque se haga mayor. Durante esa larga noche tiene que afrontar los cambios que se van a dar en su vida en esta nueva etapa.

Algunas recomendaciones:

- Siéntete orgulloso de todo lo que has logrado en la vida. No te subestimes. Acuérdate de ellas y reactiva todo tu potencial.
- Mímate. Concédete momentos vitalizantes con la naturaleza, la belleza, el arte, la cultura, la música o la meditación.
- Mejora tú mismo tu autoestima: aprende a quererte más. Valora aquello que haces bien y quita importancia a los fallos que tengas.
- Quiérete.

- Imagínate cómo quieres ser: visualizar lo que te gustaría ser puede ayudarte a conseguirlo. Como pareja, padre/madre o abuelo/a feliz.
- Purifica tu mente. Reflexiona de manera positiva y constructiva. Dedica cada día unos minutos a repasar todo lo que te impide ser feliz. Trata de buscar soluciones.
- Despiértate. No te conformes con lo que te llega. Dirige tu vida. No te abandones. No tires la toalla. Tienes una vida por delante. Díjole D. Quijote a Sancho: "*Hasta la muerte todo es vida*".
- Mira a tu alrededor.
- Independízate de la opinión que crees que tienen los demás de ti.
- Ten una actitud positiva siempre. Piensa que la vida merece ser vivida. Llena tu mente de mensajes positivos.

### *Evitar la depresión*

> "*Las arrugas del espíritu nos hacen más viejos que las de la cara*". Michel Eyquem de la Montaigne.

Mucha gente tiene la idea de que es normal deprimirse a medida que vamos cumpliendo años. Esta forma de pensar conduce a que en ocasiones, esta enfermedad no se diagnostique ni se trate adecuadamente.

Según avanzamos en la edad, la depresión se encuentra muy influida por circunstancias relacionadas con pérdidas y cambios vitales como muerte de seres queridos, traslado de domicilio, deterioro de la salud y de la capacidad física o mental.

## ¿Qué síntomas pueden ser indicativos de una depresión?

- No tener interés por las actividades con las que antes disfrutabas.
- Sentirse triste y decaído.
- Dificultad para concentrarse.
- Sentimiento de inutilidad o culpabilidad.
- Cambios en el ritmo de sueño.
- Cansancio, falta de energía y de ganas de disfrutar de la vida.
- Descuido en el aspecto físico.
- Indecisión extrema.
- No terminar las tareas y pasar rápido de una a otra.
- Cambios del apetito y peso.
- Referencia a la depresión en las conversaciones.

También pueden aparecer síntomas físicos como dolores de cabeza, dolores generalizados, problemas digestivos e inconvenientes sexuales entre otros.

## ¿Qué podemos hacer para evitarla?

La clave para prevenir la depresión es aprovechar las oportunidades que nuestra actividad cotidiana nos ofrece para disfrutar y crecer.

Algunas cosas que podemos hacer: actividades más o menos sencillas que mantengan activa la mente, que me agraden y me hagan compartir momentos con los demás.

## Lo que no debo hacer

- Aislarme dentro de casa y no relacionarme con nadie.
- No pedir ayuda a profesionales aunque mis síntomas no mejoren.
- No seguir las recomendaciones que me indican o no tomar la medicación tal y como se me ha prescrito.

La Sociedad Española de Geriatría y Gerontología nos hace diversas recomendaciones:

- Cada persona precisa un tratamiento para aliviar la sintomatología depresiva.
- Actuar por cuenta propia puede conducirnos a errores que nos pueden perjudicar.

### *Controlar el estrés*

Estrés, proviene de la expresión inglesa Stress: *"tensión"*. Es una reacción fisiológica del organismo y en él entran en juego diversos mecanismos de defensa para afrontar una situación que se percibe como amenazante. Tiene raíces ancestrales en el ser humano y es una respuesta natural y necesaria para la supervivencia. A veces se puede confundir con una patología.

Cuando esta respuesta natural se da en exceso se produce una sobrecarga de tensión que repercute en el organismo y provoca la aparición de enfermedades y anomalías patológicas que impiden el normal desarrollo y funcionamiento del cuerpo humano. Puede acabar desencadenando problemas graves de salud.

Ejemplos son: olvidos, alteraciones en el ánimo, nerviosismo o falta de concentración.

### ¿Por qué se produce el estrés?

Se trata de una respuesta normal del organismo ante las situaciones de peligro que se prepara para combatir o huir mediante la secreción de sustancias como la adrenalina, que se disemina por toda la sangre y es percibida por receptores especiales en distintos lugares del organismo, que responden para prepararse para la acción:

- El corazón late más fuerte y rápido.
- Las pequeñas arterias que irrigan la piel y los riñones e intestinos, se contraen para disminuir la pérdida de sangre en caso de heridas y para dar prioridad al cerebro y los órganos más críticos para la acción (corazón, pulmones, músculos).
- La mente aumenta el estado de alerta.
- Los sentidos se agudizan.

## Utilidad del estrés

En condiciones apropiadas, si estamos en medio de un incendio, nos ataca una fiera, o un vehículo está a punto de atropellarnos, los cambios provocados por el estrés resultan muy convenientes, pues nos preparan de manera instantánea para responder oportunamente y poner nuestra vida a salvo. Muchas personas en medio de situaciones de peligro desarrollan fuerza insospechada, saltan grandes obstáculos o realizan maniobras prodigiosas.

## El problema del estrés

Lo que en situaciones apropiadas puede salvarnos la vida, se convierte en un enemigo mortal cuando se extiende en el tiempo.

Para mucho, las condiciones de hacinamiento, las presiones económicas, la sobrecarga de tareas, el ambiente competitivo, etc., son circunstancias que se perciben inconscientemente como amenazas. Esto les lleva a reaccionar a la defensiva, tornándose irritables y sufriendo consecuencias nocivas sobre todo el organismo: elevación de la presión sanguínea (hipertensión arterial), gastritis y úlceras en el estómago y el intestino, disminución de la función renal, problemas del sueño, agotamiento, alteraciones del apetito u otras.

## Signos y síntomas

Los síntomas más comunes son: depresión o ansiedad, dolores de cabeza, insomnio, indigestión, sarpullidos, disfunción sexual, palpitaciones rápidas, nerviosismo...

El origen del estrés se encuentra en el cerebro, responsable de reconocer y responder de distintas formas a los estresores. Los estudios corroboran el papel que juega el estrés en el aprendizaje, la memoria y la toma de decisiones.

Un estudio de la Universidad de California demostró que un estrés fuerte durante un corto período de tiempo (por ejemplo, la espera previa a la cirugía de un ser querido), es suficiente para destruir varias de las conexiones entre neuronas en zonas específicas del cerebro.

Un estrés agudo puede cambiar la anatomía cerebral en pocas horas. El estrés crónico, podría disminuir el tamaño de la zona cerebral responsable de la memoria, según demostró un experimento con ratas. Es una reacción normal frente a diversas situaciones de la vida.

Cuando se presenta en forma excesiva o crónica constituye una enfermedad. Puede alterar la vida de las personas. Es aconsejable en este caso consultar a un especialista.

## *Relaciones sexuales*

Las relaciones sexuales se viven de modo diferente en las distintas etapas de la vida, pero el modo en el que las vivamos influye en nuestra salud y felicidad.

Cuando hablamos de sexualidad nos referimos no solo a genitalidad o reproducción, sino también a amor, ternura, afecto, deseo, necesidad del otro.

Según vamos cumpliendo años podemos disfrutar de la intimidad sexual, de amar y ser amadas/os. Hay que adaptarse a los cambios de nuestro cuerpo.

## Algunas cuestiones sobre el sexo y los años

Hay quien piensa que con la edad desaparece la posibilidad de la actividad sexual. Nada más lejos de la realidad. Al envejecer no se pierde el deseo sexual. Disminuye la frecuencia de las relaciones sexuales, pero los deseos, los sueños, las fantasías, se mantienen intactos. Las personas mayores son tan capaces como las de otras edades de sentir placer, sobre todo si se sienten amadas. No deben sentir prejuicios frente a la propia edad. En la mayoría de los casos, la relación sexual forma parte de la vida cotidiana de una pareja que ha tenido muchos años para aprender a disfrutar del sexo.

Las relaciones sexuales en los mayores pueden ser tan bellas como en cualquier etapa de la vida.

## Cambios en hombres y mujeres

Con el paso del tiempo, hombres y mujeres experimentamos cambios en el funcionamiento de nuestros órganos sexuales.

En los varones:

- Erecciones más lentas y con necesidad de más tiempo para otra.
- Respuesta menor a la excitación.
- Cambios en la sensación de eyaculación.

En las mujeres:

- Variaciones en la elasticidad de la vagina.
- Sequedad vaginal.
- Excitación más pausada.

## Lo que ahora necesitamos

Los cambios que hemos indicado son naturales y no significan pérdida de actividad sexual, sino que las relaciones sexuales se disfrutarán de un modo distinto.

Ahora necesitamos:

- Mayor tiempo de caricias y preludio.
- Más tiempo para conseguir la excitación.
- Explorar nuevos recursos: lugares, posiciones distintas, momento del día, nuevos estímulos...
- Las mujeres pueden recurrir a cremas que contrarresten la sequedad vaginal.
- Los varones se pueden beneficiar de medicamentos que deben ser siempre prescritos por el médico.

## Piensa en tu pareja

Con el tiempo, hemos aprendido lo que nos hace atractivos y únicos para nuestra pareja. Seducir siempre es importante, pero ahora, seguramente, lo sabemos hacer mejor…

Descubre los gustos, preferencias y también los reparos de tu pareja. La confianza y un poco de imaginación, pueden ser los mejores aliados.

## Atrévete. Tú sabes lo que quieres

No existe un único modelo de relación sexual, exprésate libremente, teniendo en cuenta tus preferencias y las de tu pareja.

Muchas personas mayores inician nuevas relaciones. Las personas de más edad también se pueden enamorar.

Si mantienes relaciones sexuales con diferentes personas utiliza el preservativo para evitar enfermedades de transmisión sexual. El uso del preservativo no tiene límites de edad.

Consultar con profesionales, de modo claro sobre el sexo, te puede ahorrar dificultades y malentendidos.

## *La mente en forma*

### Estimular nuestra mente, garantía de salud

Conforme pasan los años, conseguir que nuestra mente siga siendo ágil y despierta es una conquista que nos mantiene vivos y dueños de nosotros mismos.

Antes de continuar, tres premisas:

- Sabemos que con la edad se producen cambios en nuestra actividad mental: necesitamos más tiempo para aprender cosas nuevas y nuestra memoria es más frágil.
- Sabemos que lo que no se usa se "oxida", se estropea. Por lo tanto si no utilizamos y entrenamos nuestras capacidades, éstas se reducirán.
- La más importante: podemos asegurarte que con un entrenamiento y uso adecuado, tus capacidades se mantendrán en forma.

### ¿Qué pasa en nuestra mente cuando envejecemos?

Empezamos a envejecer aproximadamente a los 30 años. Según se ha podido conocer recientemente, el 75% de los agentes que provocan el envejecimiento tienen que ver con factores tanto físicos como psicológicos; estos dos factores están relacionados con los distintos y diferentes hábitos de vida de cada persona. El 25% restante tiene que ver con factores únicamente genéticos.

## ¿Cómo reducir el envejecimiento cerebral y envejecer con salud?

Para poder reducir el temido envejecimiento cerebral, existen tres claves importantes que son muy fáciles:

1 Realizar actividad física regular, práctica de ejercicio, diario, entre media y una hora.
2 Mantener una alimentación sana, control de la ingesta evitando el sobrepeso y la obesidad.
3 Realizar ejercicios mentales para mantener en buen estado nuestro cerebro y una óptima salud mental.

Además de reducir el envejecimiento cerebral, con estos tres sencillos pasos conseguiremos ganar memoria.

Es normal que con el paso de los años se vayan perdiendo algunas capacidades, y de manera especialmente llamativa, la memoria.

Esas pérdidas normales de memoria suelen consistir en olvidar aspectos como:

- Dónde se dejan objetos cotidianos: pero... ¿dónde habré dejado las llaves?
- Si se han realizado o no acciones automáticas: ¿He cerrado el gas?
- Nombres de personas o cosas que se quedan "en la punta de la lengua".
- Sensación de que se recuerda mucho mejor lo que ocurrió hace cuarenta años que lo que sucedió ayer.

Si te has sentido identificado con estas situaciones, es importante que recuerdes que estas son normales. Pero ¡ojo! esto no significa que no haya que hacer nada. Si dejamos de salir a pasear, cada vez es más costoso caminar. Del mismo modo, si no ejercitamos la memoria, cada vez tendremos más dificultades para recordar.

En la mayoría de las ciudades podrás encontrar un lugar (centro de mayores, ayuntamiento, centro de salud….) para asistir a clases de mantenimiento de la memoria. Los profesores se adaptarán a tus características.

En la vida diaria hay muchas posibilidades de mantenerse en forma: leer, escribir, coser, conversar u ocuparse de asuntos personales como el papeleo del banco o la correspondencia. Otra propuesta: decídete a manejar las nuevas tecnologías. Existen programas de ordenador que ofrecen ejercicios adaptados a nuestras necesidades.

Señales de alarma. Si por alguna razón te preocupa especialmente tus pérdidas de memoria, o algún otro aspecto relacionado con tu funcionamiento mental, no lo dudes, consulta a tu médico.

La demencia no es el paso siguiente de las pérdidas de memoria que acabamos de comentar. Las personas que inician una demencia tienen otros síntomas muy diferentes, como: encontrarse desorientadas en sitios conocidos, sentir confusión al realizar actividades cotidianas (hacer la compra, comida, poner la lavadora, etc...) o tener dificultades para mantener una imagen adecuada.

Generalmente no es uno mismo el que se da cuenta de que está sufriendo estas alteraciones sino las personas más cercanas.

### *Emprender siempre*

La experiencia que acumulamos las personas según cumplimos años son de un valor enorme. Son muchas las que a partir de los 65 años, se animan a poner en marcha proyectos que recurren a las nuevas tecnologías y que tienen una finalidad social, cultural, ciudadana o empresarial, con grandes posibilidades de éxito.

Algunos ejemplos:

- **Red digital "Emprender diferente"**: parte de Secot. Quiere recuperar el capital humano y experiencia para conseguir que las personas se sientan activas y útiles.
- **Goyas de la Tercera Edad**: iniciativa de la ciudad de Bilbao, presente también en varios países europeos y latinoamericanos, que premia a los abuelos que hayan destacado por sus aportaciones en el ámbito social.
- **Enemigos del geriátrico**: jubilados de la capital de España pretenden construir una casa común que gestionarán ellos mismos, apartamentos en los que pasar la tercera edad de forma autosuficiente y activa.
- **Grupo de mayores**: un grupo de amigos optó por promover su propia urbanización "sénior", una cooperativa para construir en Pizarra (Málaga).
- **Mayores con Iniciativa**: proyecto liderado por Fundetec para acercar las Tecnologías de la Información y la Comunicación (TIC) a las personas mayores.
- **Mentoring:** profesionales experimentados orientan y aconsejan a nuevos emprendedores, una práctica muy extendida en otros países, mediante la cual una persona facilita el desarrollo de otra a través del intercambio de sus propios recursos, perspectivas, valores, habilidades, conocimientos, actitudes y competencias.
- **"Abuelos en Red":** una iniciativa de la Universidad Argentina de La Punta, brinda a los abuelos una manera de acercarse a la tecnología y ayudar a la capacitación de su núcleo familiar.
- **The Amazings:** compañía creada para permitir que aquellos que están a punto de jubilarse puedan crear iniciativas y aprovechar su experiencia ofreciendo diferentes servicios y productos.

**Ejemplos de emprendedores mayores:**

- Gail Dunn, encargada de un taller de automóviles a los 64 años inició una compañía para que las mujeres no fuesen estafadas. Unas semanas después de retirarse, comenzó Women's Automotive, reparación de automóviles para las mujeres por mujeres.
- Coronel Harland Sanders, después de servir en el ejército, tuvo muchos trabajos. Abrió su propio restaurante, pero fue un completo fracaso. Tras años de perfeccionar su receta secreta de pollo frito, a los 65 años, utilizó el primer cheque de su jubilación para ayudar a franquiciar su negocio. Hoy, KFC tiene más de 16.000 puntos de venta en todo el mundo.
- Art Koff, 75 años, creó un sitio web para las personas en edad de jubilación que todavía querían seguir trabajando. Pasó más de 40 años en publicidad. Se retiró a mitad de sus 60. En 2003, comenzó Retired Brains, una bolsa de trabajo para las personas mayores.
- Lisa Gable trabajó en un negocio de químicos industriales. En el trabajo, ella se sentía frustrada porque constantemente se le caían los tirantes de los sujetadores. Después de retirarse, decidió solucionar este problema. A sus 70 años, creó L.G. Accessories, una empresa de ropa interior. Diseñó y patentó Strap-Mate, dispositivo que mantiene las tiras en su lugar.
- Robert Galvin trabajó en Motorola 30 años. Había notado muchos problemas con el sistema de energía eléctrica. En el 2003, un apagón dejó a millones de personas en los EE.UU. y Canadá sin electricidad. Esto lo inspiró a crear a sus 88 años Galvin Electricity Initiative, organización sin fines de lucro dedicada a mejorar la red eléctrica.

- María Galiana Medina, sevillana nacida en 1935, actriz española, muy conocida en el teatro andaluz y cine español. Antes de su salto a la actuación fue profesora en un instituto. Licenciada en Filosofía y Letras, además de Historia, Galiana ejerció como profesora de Historia del Arte en el instituto público IES Ciudad Jardín (Sevilla) hasta su jubilación (2000). Ese mismo año ganó el Goya a la Mejor actriz de reparto, por su único papel protagonista que ha tenido: *Solas*.
- Fina, una aragonesa de 81 años, es monitora de gimnasia de mantenimiento con un grupo de personas en el barrio de Carabanchel, en Madrid. Dirige varias sesiones a la semana. Ella participa también como alumna en otras clases, poniendo posteriormente en práctica lo que aprende.
- Andrés a sus 78 años participa como guía del Museo del Aire en una Base Aérea. Acompaña a grupos en las visitas al mismo.
- Amparo a sus 83 años, y después de haber superado graves problemas de salud, no pierde la ocasión de viajar por España y por el mundo en su afán por disfrutar de la vida. Siempre tiene una escapada en sus planes.
- Virgilio a sus 82 años atiende un pequeño huerto en su pueblo de Salamanca, cultiva patatas, lechugas y los calabaciones más grandes de la comarca.

# V. Aspectos sociales

*"La razón de vivir es tener buenas relaciones personales, tener a gente a quien amar y respetar, y que te amen y respeten."* Brian Tracy.

Si eres capaz de llevar a cabo las propuestas realizadas hasta ahora, sin duda que prolongarás tu vida en cantidad y sobre todo en calidad.

Cada día, un mayor número de personas pretenden llegar a la jubilación con facultades físicas y psíquicas satisfactorias. Desde que te jubiles, podrás disfrutar unos 30 años más de vida todavía, que tienes que vivir en buenas condiciones.

## *La jubilación*

Con origen en el término latino *jubilatio*, la palabra jubilación se refiere al resultado de jubilarse (dejar de trabajar por razones de edad, accediendo a una pensión).

## En particular

- Hay personas que asocian la jubilación del trabajo con la jubilación de la vida.
- Hay quien vive para trabajar..., no trabajan para vivir.... ¡Qué es muy distinto!

- No se está lo suficientemente preparado para asumir la nueva etapa. Nadie en esta sociedad enseña a estar jubilado.
- Dejar de producir no significa ser viejo.
- El irse haciendo mayor tiene asociado una serie de cambios físicos, psicológicos, sociales y laborales, que van marcando nuevas realidades, situaciones y necesidades.
- Es muy importante que de manera individual, la persona descubra el nuevo papel que le toca vivir.

### *Preparación para la Jubilación*

Necesariamente hay que prepararse para la jubilación. Es imprescindible. Se trata de una nueva etapa en la vida, en la que van a cambiar fundamentalmente los hábitos, las relaciones sociales y familiares y por la edad, también las condiciones físicas.

La experiencia y madurez adquirida con los años debe servir, no para hacer lo mismo de siempre, sino para poner en marcha todo aquello que se ha querido realizar y no se ha podido llevar a cabo por falta de tiempo o por obligaciones contraídas.

Hay quien siente vértigo a la hora de plantearse su próxima jubilación, e incluso viven muy mal los primeros años de jubilados.

Muchas personas, aunque hayan despotricado continuamente del trabajo o del jefe, sienten que se les ha arrebatado algo valioso. Se acostumbran durante años a la rutina diaria: levantarse, ir al trabajo, cumplir con las obligaciones y, de pronto, la rutina ¡deja de existir!

La entrada y la salida en las diversas etapas vitales: escolarización, trabajo, jubilación, etc., suponen cambios fundamentales para los humanos en la sociedad contemporánea. En el caso de la jubilación, a sus contenidos económicos se añaden significados sociales como entrar en la población activa o abandonarla, con un conjunto de efectos derivados como la reducción de ingresos, iniciar el papel de pasivo económico, aumento del tiempo disponible, etc.

La jubilación implica en la mayor parte de la población que trabaja por cuenta ajena, un cambio vital y una adaptación global del individuo después de una vida modulada por el trabajo y sus consecuencias.

- Cambia la dedicación.
- Cambia la relación con la familia.
- Cambia la perspectiva vital.

El cambio es global y, como toda transformación vital, si se prepara puede tener más éxito que si solamente se espera que acontezca.

### Adaptarse a la nueva situación

Para enfrentarse a los cambios sociales, económicos y familiares derivados de la inactividad laboral resulta efectivo acudir a algún programa de Preparación para la Jubilación.

Prepararse para vivir una etapa dorada tras la jubilación, saber cómo cuidarse, cómo afrontarla psicológicamente y cómo planificar la economía, forma parte de las recomendaciones de Naciones Unidas y la Unión Europea y constituye una parte de las políticas sociales en la mayoría de los países.

Está demostrado que, desde el nacimiento de la preparación de la jubilación en la industria estadounidense, allá por los años 40, las personas que siguen los cursos tienen un mejor ajuste y satisfacción con la nueva etapa.

Entre los jubilados "no preparados", sin embargo, parece que se detectan más dificultades de adaptación y mayor insatisfacción con la vida tras el cese de la actividad laboral. Pero a pesar de estos resultados, las cifras de personas que reciben esta preparación siguen siendo muy bajas. Los expertos aconsejan iniciar la preparación en los cuatro o cinco últimos años de la vida laboral con el objetivo de prevenir los efectos negativos y facilitar el tránsito a la jubilación, adecuando su proyecto de vida a la nueva situación.

Los cursos de preparación para la jubilación suelen adaptarse a las características (profesión, nivel cultural, estado de salud, etc.) de los trabajadores a los que van dirigidos. A través de ellos es posible aprender a hacer frente a los cambios de salud, a las relaciones sociales y a establecer objetivos y metas.

Pese a los resultados positivos que cabe esperar de esta preparación extra para los jubilados, hoy por hoy, son todavía pocas las personas que acuden a estos cursos. Tampoco son numerosas las empresas que, afrontando reestructuraciones de plantilla o con plantillas envejecidas, han puesto en marcha iniciativas tendentes a asegurar el bienestar futuro de sus empleados.

Tal y como están las cosas, esto puede sonar a "cuento", pero es lo que debería ser.

### Factores que determinan la adaptación a la jubilación

La actitud con que la persona se enfrenta a su salida del mercado laboral predispone hacia su mejor o peor adaptación a la jubilación.

La persona que se jubila puede aceptar su situación sin más, intentar cambiarla, renunciar a sus intereses e incluso aislarse de sus relaciones sociales.

Analicemos cinco actitudes que pueden producirse en torno a la jubilación:

- **Actitud de rechazo**. Propia de personas que han sobrevalorado su faceta laboral y de aquellas con niveles educativos altos que han dedicado toda su vida a su carrera profesional. Perciben la jubilación como un sin sentido porque les impide mantener un estatus social y un nivel económico similar al que han disfrutado hasta entonces.

- **Actitud de aceptación**. Se acata el momento como algo inevitable, como una etapa más a la que debe enfrentarse, de una manera conformista y resignada. Este tipo de actitud es característico de personas de estatus medio y bajo.
- **Actitud de liberación**. Se da en aquellos que consideran la jubilación como un premio al trabajo realizado. Este tipo de actitud puede provocar apatía, por la falta de expectativas, proyectos y actividades con las que llenar el tiempo que antes dedicaba al trabajo.
- **Actitud de búsqueda de oportunidades**. Se da en aquellos que desean jubilarse para poner en marcha proyectos o actividades que hasta ese momento no han podido realizar por estar trabajando. Quieren viajar, ser voluntarios, intensificar las relaciones con amigos y familia.
- **Actitud ambivalente**. Es habitual que la mayoría de los jubilados tengan sentimientos contradictorios y su actitud ante la jubilación sea un compendio de todas o algunas de las actitudes anteriores.

## La edad exigida para acceder a la jubilación

Cada país tiene una regulación particular en estos momentos, aunque por regla general hay que tener cumplidos 65 años. La edad mínima puede ser rebajada o anticipada.

Según plantea el Fondo Monetario Internacional (FMI), los países deberían incrementar la edad legal de jubilación de acuerdo con el aumento de la esperanza de vida, estableciendo reglas automáticas que faciliten este proceso cuando fuera necesario. Retrasar la edad de jubilación prolonga el período de acumulación de recursos jubilatorios y acorta el período de uso de los mismos.

Infórmate de cómo queda tu situación particular.

**Aspectos a tener en cuenta en los preparativos a la jubilación**

1. **Empieza cuanto antes.** Piensa que de tus decisiones presentes depende un largo futuro.
2. **Envejecimiento saludable.** Plantéate cómo vas a conservar tu salud física y psíquica.
3. **Uso del tiempo.** Hay muchas formas de utilizar el tiempo libre. Empieza a descubrir qué tipo de actividades son las que más te apetece realizar.
4. **Economía doméstica.** Es el momento de hacer números. Piensa qué ingresos mensuales necesitarás para vivir después de jubilarte.
5. **Gastos diarios.** Reflexiona sobre cuanto puedes reducir en las facturas habituales (luz, teléfono, etc.).
6. **Fuentes de ingresos.** Calcula la pensión que te puede corresponder y súmale otros ingresos.
7. **Ahorro.** Calcula la diferencia entre los dos puntos anteriores y estima la cantidad total que necesitarás ahorrar para cubrir ese desfase, teniendo en cuenta las expectativas de vida (cuanto más años se viva, mayor habrá de ser el fondo acumulado).
8. **Infórmate.** Los jubilados tienen algunas ventajas en los transportes públicos, en sus compras en determinados comercios y en las actividades de ocio.
9. **Busca asesoramiento.** Los amigos y vecinos, las Administraciones Locales y Regionales pueden ser de gran ayuda.

10. **Vivienda.** ¿Quieres vivir en la casa de siempre o mudarte a otra zona o a otra ciudad? ¿Podrás mantenerla sin dificultad o necesitas sacar partido económico de ella?

### *El rol que desempeñamos*

### En la sociedad

> *"Los árboles más viejos dan los frutos más dulces".*
> Proverbio alemán.

Si vives más años van a ir apareciendo nuevas realidades y necesidades vitales, que marcan nuevos papeles y roles sociales diferentes a los desarrollados hasta ahora.

Tienes que reflexionar sobre el nuevo papel de la edad adulta en el siglo XXI.El nuevo status social y la pertenencia a diferentes grupos, marca un nuevo rol social.

**Claves para un nuevo papel social:**

- Capacidad de toma de decisiones sobre la propia vida.
- Capacidad de adaptación a los cambios.
- Mantenimiento y establecimiento de relaciones sociales.
- Capacidad de organizar la vida cotidiana.
- Tener un proyecto de vida y reestructurar tu tiempo y tu espacio para conseguirlo.
- Buscar nuevas metas, nuevos motivos de satisfacción y orgullo, es un medio para conseguir ser feliz en esta etapa de la vida.

Existe la necesidad de establecer una nueva cultura del envejecimiento, que considere a las personas de edad agentes y beneficiarios del desarrollo.

Una cultura que esté basada en un modelo de desarrollo, participación y auto-realización del ser humano en esta etapa de la vida.

La creación de este papel depende también del posicionamiento que tenemos frente a la vejez. El adulto se prepara para esa etapa, identificando su rol activamente y por lo tanto colabora a que la sociedad valore su participación.

**Formas de convivencia**

Según una encuesta que realizó el IMSERSO en 2010, al cumplir los 65 años las personas en España conviven de la siguiente forma: el 50 % en pareja. El 16 % solos, siendo el 80 % de este grupo mujeres. Solo el 5 % se encuentran en Residencias.

Según esta encuesta:

- El 87,3% prefiere vivir en su casa aunque sea solo.
- El 84% en España viven acompañados.
- El 16% viven solas. La mayoría son mujeres que viven en el medio rural.
- Casi un 50% de los hogares están compuestos por dos personas y a medida que se avanza en edad se vuelve a convivir con hijos, sobre todo hijas.
- Más de la mitad viven con su cónyuge y el 37% de los mayores de 80 años viven con sus hijos.
- La mayoría se siente apoyada y acompañada
- Las personas mayores siguen estando muy satisfechas con sus relaciones familiares.
- Un 68% tienen contacto diario con sus hijos y un 37% con sus nietos.

- Cuidan y han cuidado de sus nietos el 70%. La mitad todos los días.

Analizamos a continuación, las relaciones y situaciones más significativas.

## Con la pareja

*"Los hombres piensan que dejan de enamorarse cuando envejecen, sin saber que envejecen cuando dejan de enamorarse."* Gabriel García Márquez.

Cuando somos jóvenes tenemos la idea errónea de que llegando a los 50 años se termina la pasión, el deseo sexual y que poco menos quedamos asexuados, que todo es más aburrido incluso puede que se termine el amor.

Pero cuando llegamos a esa edad nos damos cuenta de lo equivocados que estamos, porque es en la plenitud de nuestras vidas donde más disfrutamos con la pareja. Se terminan los tabúes, somos más desinhibidos, no hay temores a embarazos no deseados, hay más complicidad, más experiencia, sabemos lo que queremos y ya no tenemos tantas obligaciones.

Después de los 50 es donde más disfrutamos del amor de pareja y de todo lo que concierne a esta etapa. Muchos especialistas aseguran que a partir de ahora, es cuando verdaderamente se comienza a disfrutar del amor, dado que se llega a entender verdaderamente el significado de este poderoso sentimiento más allá de la sexualidad.

El amor entendido como concepto global es compañía, ilusiones compartidas, complicidad, proyectos de vida en común y este tipo de vínculo se puede consolidar en la madurez.

El hecho de tener más tiempo disponible para dedicarse a uno mismo, sin las presiones laborales o el tiempo que demanda la crianza de los hijos, hace que se pueda disfrutar cada día de una manera distinta y especial.

El amor romántico se hace presente para complementar ese estrecho vínculo que une a esas dos personas que han decidido permanecer juntas.

Respecto a la felicidad matrimonial, el filósofo Hermann Graf Keyserling mantenía que "***la máxima felicidad del matrimonio, cosa que los jóvenes ignorarán siempre, es la de envejecer juntos***".

**Cuando la experiencia juega a favor**

Según señalan los especialistas, una persona que ha llegado a los 50 muy posiblemente se conozca mejor y sepa más concretamente que es lo que busca y necesita. Esta característica, sumada al hecho de que las personas de esta edad han atravesado etapas de frustraciones, conflictos, crisis, rupturas, o pérdidas, provoca que el amor que se viva sea un amor mucho más maduro, en el cual cada uno se conozca mejor interiormente, sepa lo que busca, acepte la realidad, y respete a la otra parte de la pareja tal cual es, sin buscar que se adapte a sus necesidades.

Por otro lado, las parejas de esta edad suelen estar conformadas por gente más independiente, que ha logrado desarrollar un largo camino de vida que les enseñó a tener en cuenta sus propios deseos, sin dejar de respetar los del otro. Por eso, lo más probable es que en una pareja de esta edad exista una mayor independencia y armonía en el vínculo.

Es por esto, afirman los expertos, que en las relaciones de gente mayor de 50 años suelen haber menos escenas de celos o de disputas destructivas, para dar paso a una sana disconformidad, donde se puedan exponer y zanjar las posibles diferencias, sin arriesgar la continuidad de la pareja.

A esta edad es más importante mantener la cercanía con la pareja, antes que tratar de salir victorioso de la absurda lucha de los sexos y la siempre presente competencia inherente a los seres humanos.

Es aquí donde también la sexualidad es vivenciada desde una faceta diferente, donde ya no se le da tanta importancia al aspecto físico o de aptitudes, sino a uno mucho más intimista, recreativo, y gratificante.

## Posibles dificultades

Para las parejas consolidadas y duraderas, otro de los riesgos que pueden amenazarla es el aburrimiento, causante de muchos casos de infidelidad. Es fundamental que una vez que los hijos hayan abandonado el hogar o se logre un bienestar económico, se invierta el creciente tiempo libre en encontrar nuevas actividades y tareas que permitan dar un nuevo significado al vínculo entre ambos.

La superación de normas sociales tradicionales y la mayor agilidad de los trámites administrativos favorecen la separación de parejas. ¿Quién pensaría hace más de una década que las personas con más de 60 ó 70 años tendrían tanta determinación para romper sus relaciones sentimentales? Este hecho representa un fenómeno en auge en los últimos años, según las estadísticas, y un ejemplo del progreso y de necesidades satisfechas que reconfortan el espíritu, la autoestima y la independencia de cada ser humano, al tiempo que alumbran un escenario novedoso y motivan una serie de análisis. Siempre es recomendable una mediación.

## Con la familia

En la Declaración de Brasilia sobre el envejecimiento saludable, la OMS definió: "El envejecimiento está ligado al desarrollo. Las personas mayores saludables son un recurso para sus familias, sus comunidades y la economía".

Después de la jubilación cambian de manera radical las relaciones personales y familiares. Hay más tiempo para ver a los amigos, pero también para compartirlo con la familia y a veces la relación puede resentirse.

La familia es la principal fuente de apoyo emocional y, con la edad, esta circunstancia se valora muy especialmente. En el momento de la jubilación, es muy probable que tu núcleo congregue a varias generaciones: padres mayores, hijos adultos y nietos. Convivir con todos ellos resulta una experiencia muy enriquecedora, pero también puede crear tensiones para las que tienes que estar preparado.

Una buena parte de la felicidad personal vendrá de la relación con tu familia, que tras la jubilación se enfrentará a una nueva realidad para la que nadie les ha preparado. Con más tiempo libre y compartido que nunca, será el momento de volver a definir las bases de su nueva vida en común para evitar las tensiones que pueden derivarse del mayor número de horas de convivencia.

Es el momento de interesarse por la personalidad de tus seres queridos, de compartir el ocio y las aficiones, de disfrutar de su compañía y de afrontar con ilusión el futuro, conscientes de que quedan por descubrir territorios inexplorados.

## El papel de los abuelos

Volver a estar presente en el milagro de la vida es una segunda oportunidad, una recompensa aún más grande. Ser abuelo o abuela es todo un privilegio.

Ser abuelos es una segunda oportunidad que llega en un momento extraordinario. Somos más sabios, tenemos menos exigencias y menos obligaciones. Ahora, cuando todo está hecho, aparece de nuevo el milagro de la vida.

## Evitar "el síndrome de los abuelos esclavos"

Las necesidades económicas, los problemas de divorcio o separaciones de los hijos, obligan a muchos abuelos y abuelas a sustituirlos en sus funciones. Ejercen una paternidad forzosa.

En estos casos, los abuelos, llevan a cabo una labor que puede exceder con mucho sus posibilidades físicas y psíquicas. Puede resultar una obligación excesiva.

Sin embargo, pese al esfuerzo, se observa que cuando esta relación se coloca en la justa medida, es decir, los abuelos solo son una ayuda y no los sustitutos absolutos de los padres, la situación es beneficiosa para todos.

Abuelos y nietos forman una interesante mezcla entre la energía bulliciosa de un niño y la serenidad de la vejez. Hay un intercambio entre inocencia y sabiduría.

Los abuelos tienen mucho que enseñar y los nietos mucho que aprender y viceversa. Por un lado, tradiciones, cultura, oficios..., que de no ser por ellos, hoy por hoy se habrían perdido. Por otro lado los nietos incorporan a sus abuelos las nuevas tecnologías, por ejemplo.

## Los amigos

> *"Hay cuatro cosas viejas que son buenas: viejos amigos para conversar, leña vieja para calentarse, viejos vinos para beber y viejos libros para leer"*. Émile A. Faguet.

La amistad, en cualquier etapa de la vida, es muy importante. En nuestra madurez, pueden ser una ayuda que nos ofrezca cuidados o auxilios necesarios para superar nuestros inminentes problemas físicos o mentales debidos a nuestra edad.

Una investigación realizada en la Universidad de Pardue (Estados Unidos), asegura que mientras ciertas habilidades cognitivas y físicas disminuyen gradualmente con el paso de los años, las habilidades para relacionarse mejoran, tal es así que en las personas mayores el hecho de saber que los tiempos se acortan, hacen que estén más predispuestos a perdonar y dejar de lado rencores y estereotipos que muchas veces entorpecen las relaciones.

Además, el estudio concluyó que las personas mayores controlan mejor sus emociones sobre todo en los momentos de conflictos, fortaleciendo así sus relaciones tanto en el ámbito de un matrimonio, con en el plano de la amistad, o en los vínculos con los hijos y hermanos.

Otras investigaciones aseguran que "la amistad prolonga la vida", y que las personas mayores que mantienen buenas y variadas relaciones, mejora no sólo su calidad de vida, sino la esperanza de la misma, aumentando de esta manera la tasa de supervivencia.

Los investigadores consideran que el trato con las familias no se elige, mientras que la amistad sí, lo que explicaría por qué las relaciones familiares no posibilitan un mayor tiempo de vida.

Asimismo, señalan la importancia de construir nuevas relaciones de amistad en la vejez, con el fin de reemplazar las relaciones con amigos que van desapareciendo con el paso del tiempo.

Los resultados confirman la importancia de la vida social en la tercera edad, como fórmula para mantenerse ilusionados y activos, lo que propicia una mayor calidad de vida y ganas de vivir. El tiempo de supervivencia del hombre está por tanto relacionado con la fuerza de sus relaciones sociales.

La tradición hindú establece que una relación duradera, permanente y natural entre dos personas enriquece a ambos y posibilita su crecimiento personal.

## Las relaciones intergeneracionales

> *"El viejo no puede hacer lo que hace un joven; pero lo que hace es mejor"*. Cicerón.

Se utiliza el término de relaciones intergeneracionales para hablar de las interacciones, del tipo que sean, que se establecen entre los miembros de distintas generaciones que conviven en un mismo tiempo.

Se trata de un conjunto de conocimientos (teorías, investigaciones, práctica) y de acciones (en especial las políticas públicas y los programas) encaminados a aprovechar de modo beneficioso el potencial entre generaciones.

Estas relaciones se abordan desde diferentes disciplinas y profesiones de las ciencias sociales y humanas: la perspectiva política, la social, el desarrollo económico, la cultura, la educación, y el punto de vista psicológico, entre otros.

Muchos programas son fuente de solidaridad entre distintas edades y pueden considerarse instrumentos adecuados para la mejora de la integración y la cohesión de nuestras sociedades.

La solidaridad entre generaciones es también un principio importante del envejecimiento activo. Esta propuesta no sólo consiste en apoyar a las personas de edad sino en propiciar las condiciones para que éstas, a su vez, puedan participar y contribuir al desarrollo y bienestar de la sociedad.

## Marco político internacional, europeo y español

Las conclusiones de la II Asamblea Mundial de Naciones Unidas sobre el Envejecimiento, celebrada en Madrid en 2002, reconoce "la necesidad de fortalecer la solidaridad entre las generaciones y las asociaciones intergeneracionales, teniendo presentes las necesidades particulares de los más mayores y los más jóvenes y de alentar las relaciones solidarias entre generaciones".

El Secretario General de las Naciones Unidas, con motivo del Día Internacional de las personas mayores el 1 de octubre de 2004, declaró que "el desafío será ayudar a esos países a que construyan una sociedad intergeneracional".

Para Naciones Unidas, la solidaridad a todos los niveles -las familias, las comunidades y las naciones- es fundamental para el logro de una sociedad para todas las edades.

## Hacia una Europa para todas las edades

En Europa, desde una perspectiva económica, el Libro Verde de la Comisión Europea (marzo de 2005), dedicado a los retos demográficos, abrió un debate sobre la necesidad de reforzar la solidaridad entre las generaciones para afrontar consecuencias negativas para el crecimiento y el sostenimiento de los sistemas de protección social, así como para ayudar al crecimiento socioeconómico de sus Estados miembros.

También responde a una iniciativa europea la convocatoria el 29 de abril de 2009 del "Primer día europeo de Solidaridad entre generaciones". Así mismo, el año 2012 se declaró "Año europeo del envejecimiento activo y la solidaridad intergeneracional".

## Redes sociales virtuales

> *"¿Por qué esta magnífica tecnología científica, que ahorra trabajo y nos hace la vida más fácil nos aporta tan poca felicidad? La respuesta es esta, simplemente: porque aún no hemos aprendido a usarla con tino".* Albert Einstein.

Los datos sobre la incorporación de los mayores a las nuevas tecnologías, según el Imserso (2008), revelan que:

- Sólo un 17% de la población mayor tiene en su vivienda ordenador y solo el 10% acceso a Internet.
- El 3% de los mayores utilizan ordenador todos los días e Internet un 2%.
- El grupo de 65 a 70 años es el que más utiliza el ordenador y los hombres más que las mujeres.
- Se usa más el ordenador en el medio urbano que en el rural.

## Dificultades de los mayores en el manejo de las T.I.C.s

Dentro del mundo de Internet las personas maduras también tienen cabida. Existe una buena cantidad de webs pensadas y dedicadas a ellos. Entre sus contenidos podemos encontrar no sólo noticias y salud sino también muchas secciones de ocio con relación a viajes, libros, concursos, premios, cursos de Internet, revistas, ideas, debates... Aparte de foros y chats para conocerse y relacionarse entre ellos o para hablar sobre temas que les puedan resultar interesantes.

Existen diversos Programa de Aulas Informáticas, para la incorporación de las personas maduras en las nuevas tecnologías. Este programa se desarrolla en Centros de Mayores y en Ayuntamientos.

Al final del libro te sugiero algunos de los mejores enlaces que podrás visitar para que compruebes el buen hacer de estas webs.

**El apoyo social**

Es más probable que las personas mayores pierdan a sus seres queridos y amigos y sean más vulnerables a la soledad, al aislamiento social y a la disponibilidad de un "grupo social más reducido".

El aislamiento social y la soledad en la vejez están relacionados con un declive del bienestar tanto físico como mental. En casi todas las sociedades, los hombres suelen tener menos redes sociales de apoyo que las mujeres. Sin embargo, en algunas culturas las mujeres que se quedan viudas son sistemáticamente excluidas del núcleo de la sociedad o, incluso, rechazadas por su comunidad.

En Japón, por ejemplo, los mayores que informaron de la ausencia de contactos sociales tuvieron 1,5 veces más la probabilidad de morir en los tres años siguientes que quienes tuvieron mayor apoyo social (Sugis-wawa y cols., 1994).

Los responsables políticos, las organizaciones no gubernamentales, la industria privada y los profesionales sanitarios, de la educación y sociales pueden ayudar a fomentar redes sociales para las personas que envejecen apoyando las sociedades tradicionales y los grupos comunitarios dirigidos por personas mayores, el voluntariado, la ayuda vecinal, el asesoramiento y las visitas de personas de la misma edad, los cuidadores familiares, los programas intergeneracionales y los servicios de prestaciones sociales.

### *4. Seguridad*

#### Violencia y abuso

Las personas mayores que son frágiles o viven solas pueden ser especialmente vulnerables a delitos como el robo y el asalto. Una forma más frecuente de violencia contra los ancianos (especialmente contra las mujeres) es el "abuso contra las personas de edad avanzada", cometido por los miembros de la familia o por los cuidadores institucionales que son bien conocidos por sus víctimas.

El abuso contra las personas mayores se produce en familias de todos los niveles económicos. Suele ser más frecuente en sociedades que sufren convulsiones económicas y desorganización social, donde el delito y la explotación tienden a crecer.

Según la Red Internacional para la Prevención del Abuso contra los Ancianos (INPEA), el abuso de los ancianos es "un acto único o repetido, o la falta de medidas apropiadas que se produce dentro de cualquier relación donde hay una expectativa de confianza que causa daño o angustia a una persona mayor".

El abuso contra las personas de edad avanzada incluye el abuso físico, sexual, psicológico y económico, así como la desatención.

El abuso de los ancianos se trata de una violación de los derechos humanos y una causa importante de lesiones, enfermedades, pérdida de productividad, aislamiento y desesperación. Habitualmente, se denuncia muy poco en todas las culturas.

Enfrentarse al abuso contra las personas de edad y reducirlo requiere un enfoque multisectorial y multidisciplinario en el que se impliquen la justicia, los funcionarios encargados de la aplicación de las leyes, los trabajadores sanitarios y sociales, los líderes sindicales, los líderes espirituales, las instituciones religiosas, las organizaciones de defensa y las propias personas mayores.

También es necesario un esfuerzo continuo para aumentar la conciencia pública del problema y para modificar los valores que perpetúan las desigualdades de sexo y las actitudes discriminatorias contra los ancianos.

Como dijo el que fuera Presidente de la Confederación Española de Organizaciones de Mayores Eduardo Rodríguez Rovira: "Es incongruente, y ciertamente hipócrita, que la sociedad invierta tanto en prolongar la vida, y discrimine a las personas cuando llegan a la madurez".

## Seguridad en la vivienda

### Consigue que tu casa sea segura

Puedes ayudar a evitar caídas haciendo cambios en las zonas de la casa que no sean seguras. A lo mejor ahora no te hace falta todavía, pero las medidas de prevención pueden ser más eficaces de lo que nos imaginamos.

En las escaleras, pasillos y caminos:

- Asegúrate de que haya buena iluminación e interruptores en la parte de arriba y abajo de las escaleras.
- Mantén limpias las zonas por donde caminas.

- Verifica que todas las alfombras estén fijadas al piso de modo que no se deslicen. Coloca bandas antirresbalantes en los pisos de cerámica o madera.
- Coloca pasamanos desde arriba hasta abajo en ambos lados de las escaleras y asegúrate de que estén bien instalados.

En los baños principales y en los auxiliares:

- Instala barras cerca de los inodoros así como dentro y fuera de la bañera y la ducha.
- Coloca tapetes, bandas antirresbalantes o alfombras en todas las superficies que puedan mojarse.

En tu cuarto:

- Pon lámparas e interruptores de luz cerca de la cama.
- Dispón el teléfono cerca de la cama.

En otras habitaciones:

- Mantén los cables de electricidad y el teléfono cerca de las paredes y alejados de las zonas por donde se camina.
- Fija firmemente al piso todas las alfombras y tapetes.
- Arregla los muebles (especialmente las mesas de centro) y otros objetos de modo que no estén en la parte por la que vas a pasar.
- Asegúrate de que la altura de sus sofás y sillas sea adecuada de modo que puedas sentarte y levantarte con facilidad.

Adaptaciones o mejoras:

- Cuida la seguridad y el estado de la instalación eléctrica a la normativa vigente y a las necesidades funcionales que tienes. Igualmente para la de gas, que además debe controlar la dotación de elementos de fácil y segura manipulación.

- Instala alumbrado conmutado en el dormitorio u otro espacio de la vivienda que así lo requiera para tu utilización.
- Adecua el ancho de puertas, así como la eliminación de otras barreras arquitectónicas (como las rampas).
- En los cuartos de baño, instalación de suelo antideslizante, de apoyos y asideros, y adecuación de los sanitarios y grifería a tus necesidades (sustitución de bañera por ducha).
- Colocación de pasamanos en pasillos.
- Cualesquier obra y elementos de similar naturaleza que contribuyan a la eficaz adecuación de la vivienda a tus necesidades concretas.
- En el caso de que vivas solo/a, solicita la teleasistencia en los servicios sociales municipales donde resides. Con un botón en una cadena que se coloca alrededor del cuello, si te caes o necesitas ayuda urgente, sólo tiene que presionar el botón para notificarle al servicio de ayuda, el cual enviará de inmediato personal de emergencia a tu casa.

### *Economía*

Existen tres aspectos del ámbito económico que tienen un efecto especialmente significativo sobre el envejecimiento activo: los ingresos, el trabajo y la protección social.

Hay que planificar bien las previsiones económicas y tomar decisiones. Es de una gran importancia pensar en esto antes de llegar a la vejez, antes de que se produzcan situaciones no deseadas.

Es necesario que las políticas de envejecimiento activo se entrecrucen con planes más amplios para reducir la pobreza en todas las edades. Aunque las personas pobres de todas las edades se enfrentan a un riesgo creciente de mala salud y discapacidades, los ancianos son particularmente vulnerables. Muchas personas mayores, sobre todo mujeres que viven solas o en zonas rurales, no tienen suficientes ingresos garantizados.

Esto afecta seriamente a su acceso a alimentos nutritivos, a una vivienda adecuada y a la atención sanitaria. De hecho, los estudios han mostrado que los ancianos con ingresos bajos tienen sólo un tercio de probabilidades de mantener un nivel elevado de funcionalidad que los que tienen ingresos elevados.

En especial, los que no tienen hijos ni familiares se enfrentan a menudo con un futuro incierto y tienen un riesgo elevado de quedarse sin hogar y conocer la indigencia.

Un aspecto a tener en cuenta es la cada vez más pujante propuesta de inversión, nos referimos a la hipoteca inversa. Un tipo de operación, que en el mundo anglosajón tiene una muy buena introducción y que en países como España está experimentando un cierto despegue.

Se denomina popularmente hipoteca inversa, a un negocio vulgarmente explicado como la operación contraria a lo que habitualmente se entiende por "hipoteca". Si popularmente una hipoteca es como una "compra a plazos" de la vivienda, esta operación se explicaría como "ir recibiendo a plazos el dinero que se obtendría de la venta de la vivienda" pudiendo continuar viviendo en ella hasta el fallecimiento, momento en que la entidad financiera se queda con la misma.

Realmente, una hipoteca inversa es un crédito con garantía inmobiliaria, es decir, un negocio por el cual una persona que posee un inmueble recibe cada mes una renta determinada por varios factores. Al fallecimiento del propietario, los herederos deberán hacer frente al pago del préstamo o si no la entidad procederá a ejecutar la garantía, lo que puede traducirse en la venta del inmueble para satisfacer la deuda, entregando a los herederos el dinero restante de la venta, si lo hubiere.

Sin embargo, la hipoteca inversa, en sentido estricto, no es el único producto financiero que permite transformar los activos inmobiliarios en rentas. Existen otras fórmulas y negocios que pueden facilitar a las personas mayores una renta adicional, como es el caso de la denominada "vivienda pensión", "hipoteca pensión" o la "cesión para alquiler" de la vivienda a una tercera entidad.

### La renta vitalicia

En España se conoce desde antaño el denominado censo vitalicio o renta vitalicia, que consistiría básicamente en que una persona cedía a otra un capital en bienes muebles o inmuebles a cambio de que esta le pague una renta anual durante la vida de una o más personas.

La renta vitalicia es un negocio que tal cual está configurado en el Código Civil presenta ciertas dificultades e inconvenientes, como que la falta de pago de la renta no faculte al rentista para finalizar con el contrato y exigir la devolución de la propiedad.

A pesar de la escasa utilización de dicha renta y de la falta de atención a esta figura por parte de la doctrina, actualmente existen nuevas modalidades de negocios que "si bien no se identifican con la renta vitalicia típica, se acercan a sus esquemas normativos de forma singular, y han venido a dar respuesta a las necesidades sociales de los particulares que los crean". Sin embargo, es cierto, que estas modalidades de negocio llegan a nuestro país no como una evolución lógica de esas antiguas figuras jurídicas de nuestro derecho civil, sino directamente importadas, por entidades financieras, sin duda más inspiradas en los modelos anglosajones de negocio.

## Aportación de los mayores a la economía actual

Hay que destacar el papel relevante que está tomando el colectivo de personas mayores, que va desde los 50 años hasta después de la jubilación. No sólo por lo numeroso, con perspectiva de seguir aumentando en la medida en que está alargándose la expectativa de vida, sino por la mayor cultura financiera de este grupo de edad, que le hace tener más protagonismo económico y un peso específico, sin duda, relevante.

Los mayores, tienen recursos económicos consolidados, capacidad, conocimientos y, sobre todo, una madurez que el entorno necesita y de la cual no puede ni debe prescindir para mejorar los rendimientos. De entre todos los aspectos que se derivan de ese protagonismo, los más relevantes son:

- Este colectivo es, de todos, el que más tasa de ahorro mantiene. Esto se debe a la estabilidad que, tanto en el ámbito laboral como en el personal, se alcanza al llegar a esa posición vital.
- Ya se han terminado de pagar, o se está llegando al final, los compromisos básicos que la mayoría de las personas nos imponemos, como la vivienda, lo que redunda en esa mayor tasa de ahorro, que unido a una gran estabilidad de los ingresos les posiciona como uno de los objetivos más apetecibles para el sistema financiero como depositantes.

Esa condición de "grandes generadores de actividad económica", incluye todos los aspectos del espectro económico, pues a la condición de grandes ahorradores y, por tanto, grandes depositantes en las entidades financieras, se une su buena capacidad de gasto como consecuencia de la anterior circunstancia.

En España, la mayor parte de la población expresa una clara preferencia por la vivienda en propiedad. El barómetro del Centro de Investigaciones Sociológicas (CIS) de septiembre de

2005 reflejaba que el 89,9% de la población prefiere residir en una vivienda en propiedad. El 52,5% lo justificaban por el deseo de tener una vivienda propia y el 38,7% preferían la propiedad porque los alquileres eran caros y con un esfuerzo adicional podían hacerse con su propia vivienda.

El Informe 2004 del Observatorio de Personas Mayores del Imserso, indicaba que el 87,2% de los mayores de 65 años eran propietarios de su vivienda.

Asimismo, también deberíamos valorar la gran aportación que este colectivo hace a la economía global gracias a su colaboración en funciones de asesoramiento, tanto al sector económico propiamente dicho como a pymes y negocios particulares donde su experiencia y madurez son relevantes.

En particular, es fácil encontrar personas prejubiladas o en fase de finalización de sus actividades laborales en funciones de formación en diversos campos, lo que sin duda es una valiosísima aportación al mejor desarrollo de personas en fase de crecimiento profesional. Fijémonos en campos como el derecho, la medicina o la enseñanza, donde sería un desastre no poder canalizar en provecho de la actividad profesional y, consecuentemente, de la propia economía nacional, toda la acumulación de experiencias y de conocimientos de este importante colectivo.

Aunque en varios entornos, las personas mayores son percibidas como receptoras de ayuda, cuidados y apoyo, no hay que olvidar su faceta como donantes de su tiempo, energía, conocimientos, apoyo afectivo, material y económico a la familia y a la sociedad. De hecho, son grandes responsables de la conciliación de la vida profesional y familiar, tal y como refleja un informe de Imserso, que arroja que la actividad de los mayores en este ámbito alcanza los ocho millones de euros, lo que supone el 0,87% del Producto Interior Bruto (PIB).

# VI. Recursos y actividades para envejecer activamente

Por muchas teorías sobre el envejecimiento, por muchas investigaciones y por muchas orientaciones físicas, psicológicas o sociales que existan, si no hay recursos disponibles, es más difícil envejecer activamente.

La disponibilidad y adecuación de los recursos de tu localidad para esta nueva etapa, depende de tu edad, tus objetivos planificados y tus capacidades.

Obviamente sobre tu edad no puedes influir, pero si puedes definir tus objetivos y adecuar tus capacidades para conseguirlos.

## Recursos para seguir aportando valor a la sociedad y asumiendo responsabilidades

### Voluntariado

Participar de manera activa en la vida de la sociedad, una vez que se dispone de tiempo libre y se poseen las capacidades y los conocimientos que proporcionan los años, es algo que se puede realizar a través del voluntariado.

Contribuye a mejorar la calidad de vida de muchas personas y crea redes de solidaridad que fortalecen las sociedades.

Además, es también un "lugar de encuentro", facilita la relación con otras personas con las que se comparten intereses e inquietudes.

Son muy diversas las posibilidades de participación como voluntario, en ámbitos diferentes como el social, el cultural, el deportivo o la cooperación internacional, y en acciones que van desde las tareas de apoyo administrativo a la labor directa con otras personas.

No hay una única forma de ser voluntario y no hay una definición universal que aglutine a todos los voluntarios. Cada uno de ellos se mueve por motivaciones diferentes, persigue fines distintos y en definitiva es una persona distinta con diferentes ideas y comportamientos. No obstante, sí que es conveniente establecer el conjunto de características, que de modo general, conciernen a todos los voluntarios.

Voluntario/a es la persona que se compromete de forma desinteresada a ayudar a otros y lo hace, generalmente, con capacidad de obrar, de forma organizada y en el seno de una institución o proyecto.

Para que una acción sea voluntaria ha de cumplir tres condiciones:

- Ha de ser desinteresada, es decir, el voluntario no persigue ningún beneficio ni gratificación por su ayuda.
- Es intencionada, persigue un fin y un objetivo positivo (buscar un cambio a mejor en la situación del otro) y legítimo (el voluntario ayuda a otros con su consentimiento).
- Está justificada, es decir, responde a una necesidad real del beneficiario de la misma. No es un pasatiempo ni un entretenimiento sin más, sino que persigue la satisfacción de una necesidad que hemos definido previamente como tal.

El voluntariado complementa la labor de los profesionales de la acción social y nunca debe sustituir ni suplantar esta labor.

**Características del voluntariado**

Los voluntarios se comprometen a realizar actividades de interés general que reúnan los siguientes requisitos:

- Que tengan carácter altruista y solidario.
- Que esté reglado y exista un seguro para cubrir posibles accidentes.
- Que carezcan de contraprestación económica.
- Que se desarrollen en organizaciones privadas o públicas con arreglo a programas o proyectos concretos.
- Que se ejerza libremente por parte del voluntario y no como resultado de un deber jurídico o una obligación personal.
- Que no sustituyan el trabajo remunerado, con una clara diferenciación entre voluntario y trabajador asalariado.
- Que nadie pueda lucrarse del esfuerzo.

Los mayores de 60 años se han convertido en un segmento de edad cada día más implicado con el voluntariado.

Prácticamente todas las organizaciones de voluntariado (asociaciones, fundaciones y ONGs) necesitan la colaboración de voluntarios para desarrollar sus proyectos y actividades.

Todas recalcan la importancia de que el voluntario asuma el compromiso que significa realizar una labor necesaria para los destinatarios de la misma. Aspectos como la responsabilidad, la constancia y la motivación del voluntario hacia las tareas que se le encomienden son imprescindibles para que la relación voluntario-organización sea fructífera. Ambas partes tienen que implicarse para que esto sea posible.

Por esta razón, es muy importante que antes de nada, conozcas los distintos tipos de voluntariado que hay en el sector de las organizaciones no gubernamentales y las tareas que puedes realizar en cada una de ellas. Piensa qué opción se ajusta más a tu carácter, preferencias, disponibilidad de tiempo y formación.

**¿Por dónde empezar?**

Piensa qué te mueve a actuar y qué te apasiona:

- Si te encanta fomentar el bienestar de los más pequeños y de los no tan pequeños, prueba el Voluntariado Infancia, juventud y familia y el Voluntariado Mayores.
- Si a ti lo que te atrae a la acción es la música, la foto, el arte… te sugerimos Voluntariado Cultura y Arte social y el Voluntariado Diseño.
- Si te gustan los retos fuertes, Voluntariado Personas en situación penitenciaria, el Voluntariado Sexualidades/Diversidad sexual, Voluntariado Personas sin hogar y Voluntariado Salud, son oportunidades para comprometerte en donde muchos no se atreverían.
- Si te indigna la injusticia social, prueba Voluntariado Consumo responsable, Voluntariado Cooperación al Desarrollo, Voluntariado Minorías étnicas y Voluntariado Derechos Humanos.
- Si sueñas con un mundo para todos los colores y sabores, interésate por Voluntariado Mujeres o Voluntariado Inmigración, refugio y asilo.
- Si lo tuyo es el Internet, te encantará participar en Voluntariado TIC y en Voluntariado Informática, pero si tu pasión es la naturaleza, entonces decídete por Voluntariado Medio Ambiente o el Voluntariado Protección de animales.
- Si tu afición es moverte y ayudar a que otros se muevan, entonces lo tuyo es un Voluntariado Deportes o

el Voluntariado Personas con discapacidad. También ayudarás a otros a hacerlo mejor en Voluntariado Asesoramiento y en Voluntariado Adicciones.

Puedes encontrar siempre alguna forma de colaborar que se ajuste a tu disponibilidad, además del voluntariado presencial que puedes realizar en tu ciudad/localidad, también existe la posibilidad de aprovechar tus vacaciones para participar en algún programa de voluntariado en otro país o incluso existe la posibilidad de realizar voluntariado desde tu casa o tu trabajo, como es el caso de voluntariado virtual.

**Antes de ser voluntario...**

- Piensa en tus preferencias y en lo que te haga sentirte mejor de acuerdo con tus capacidades.
- Debes dirigirte a la organización que más te atraiga e informarte debidamente de sus actividades, de su normativa y de las condiciones concretas de su voluntariado. Infórmate en ONG's, en la web de tu Comunidad Autónoma y en tu Ayuntamiento.
- Asegúrate de que comprendes lo que vas a hacer y reflexiona sobre el libre compromiso que adquieres en términos de tiempo y de energía.
- Asegúrate de que no vas a ser explotado y de que tu trabajo redunda en beneficio de la actividad propia de esa asociación o del proyecto en el que participas.
- No permitas que te utilicen como mano de obra gratuita ocupando el puesto de un trabajador.
- La edad, la situación económica, familiar o una posible discapacidad no te excluye de ser voluntario, busca el que se adecue a tus posibilidades/capacidades.

Es necesario asistir a cursos de formación que te capaciten, si la organización lo cree necesario.

### Lo que no es voluntariado

Tienes que estar muy atento a la acción de voluntariado a la que te incorporas, porque aunque no es muy frecuente, pueden darse situaciones irregulares, que se distancian de la esencia de ser voluntario:

- Hay situaciones de abuso donde los voluntarios pueden ser utilizados para evitar la contratación de profesionales...
- Puede haber actuaciones no regladas ni organizadas, que no responden a una Organización seria..., y pueden irse buscando otros fines, lucrativos por ejemplo.

Sin quererlo, puedes verte inmerso en serias complicaciones para ti. Se han dado casos en los que personas realizando acciones "supuestamente voluntarias", han tenido accidentes o han sufrido agresiones y no han contado con la cobertura de seguros de accidentes o de responsabilidad civil. Las Organizaciones reconocidas y regladas, garantizan la cobertura y el apoyo legal a las personas que participan en sus actividades.

## Participación ciudadana

La jubilación no siempre arroja un saldo negativo en las relaciones sociales. En algunos casos llega a significar justamente lo contrario. Lejos de perder amigos, se abren múltiples oportunidades para construir nuevos focos de amistad.

Casi dos de cada tres personas mayores consideran que existen las mismas posibilidades de hacer nuevas amistades tras la jubilación.

Si durante los años de trabajo las relaciones con los compañeros estaban determinadas por las circunstancias, a partir del momento de la jubilación eres tú quien escoges tu círculo de amistades.

Si antes el nexo de unión eran meramente laboral, ahora es el momento de rodearte de personas con las que compartir algo más intenso: los momentos de ocio. Pero, además, aunque las relaciones interpersonales resulten menos amplias que cuando se estaba en activo, la intensidad de la relación es más enriquecedora. Por lo tanto, jubilarse no significa perder las relaciones con los demás. Puede ser todo lo contrario.

Los centros sociales para personas mayores, además de organizar un buen número de actividades para disfrutar del ocio en compañía, constituyen un lugar de encuentro, un lugar donde ampliar fácilmente las relaciones interpersonales.

**Servicios que presta:**

- Información, orientación y asesoramiento.
- Biblioteca y sala de lectura.
- Actividades culturales, artísticas, recreativas y de ocio.
- Cafetería y comedor (en muchos casos).
- Otros servicios relativos a la atención personal de los socios.

Van dirigidos a personas con 60 años o más. El acceso es libre y directo para los mayores que vivan en la zona en la que está ubicado el centro, previa obtención de un carné de socio.

## El asociacionismo

Generalmente se verifica una escasa participación formal por parte de las personas maduras. Según la encuesta 2010 del IMSERSO, participan más las mujeres, los que viven en la ciudad y los que tienen mayor formación. Solo el 28% pertenece a alguna asociación u organización. Tanto las personas mayores como la sociedad en su conjunto creen que las personas mayores deben tener más presencia en todos los ámbitos de la sociedad.

En cuanto a organizaciones de personas mayores, en la actualidad nos encontramos con el Movimiento Senior que se encuentra en más de 17 países de todo el mundo y cuyos voluntarios aportan sus conocimientos y experiencias profesionales para la mejora técnica y/o gestión de entidades necesitadas de ayuda y falta de recursos (Acebal, 1995).

En Europa contamos con importantes redes de coordinación de iniciativas en torno a las personas mayores como EURAG, EUROLINK AGE, FIAPA o AIUTA que están luchando por obtener el Estatuto Consultivo de ONG ante la Comisión y ante el Parlamento Europeo, como existe en el Consejo de Europa.

En la mayoría de los países existen asociaciones específicas para las personas mayores y podemos decir que este tipo de movimiento asociativo ha adquirido un importante desarrollo.

Entre las asociaciones de mayores en España podemos destacar CEOMA (Confederación española de Organizaciones de Mayores), la Unión Democrática de Pensionistas, Confederación de Asociaciones de Jubilados, Pensionistas y Mayores (CAJUMA) o bien entidades de carácter general que tienen programas específicos para el fomento del voluntariado entre este colectivo como Cruz Roja Española, Cáritas, Federación Regional de Asociaciones de Vecinos, etc.

Uno de los aspectos del voluntariado de este sector que promete unos resultados esperanzadores son asociaciones de personas mayores tipo CONEX (Fondo de Conocimientos y Experiencia) que no pide colaboradores para cumplir su finalidad sino que se ofrece a colaborar con cada persona mayor de 50 años para que consiga su propio objetivo y SECOT (Seniors Españoles para la Cooperación Técnica) que tiene como objetivo el asesoramiento a PYMES en España y la ayuda a países en vías de desarrollo.

### *Seguir ejerciendo una actividad remunerada*

Hay diferentes situaciones por las que el conocimiento y experiencia de una persona mayor resulta de utilidad y él quiere seguir ejerciendo una actividad remunerada.

- El desarrollo de su profesión durante su vida laboral le ha dotado de conocimientos específicos muy útiles y quiere trasmitirlos a otros, teniendo la capacidad para ello.
- De forma paralela a su profesión ha desarrollado otros conocimientos y/o estudios que ahora está en disposición de usar o trasmitir a otros.
- Un hobby desarrollado durante años le ha convertido en un experto y ahora, con más tiempo, puede compartir este conocimiento o convertirlo en una actividad profesional.
- Ya está jubilado pero quiere seguir ejerciendo su profesión por su cuenta.
- Ha llegado a los 65 pero quiere seguir trabajando en lo mismo o en otra cosa.

Da igual cual sea la razón, pero llegar a los 65 o estar dentro de un proceso de prejubilación no tiene por qué significar el fin de la actividad remunerada.

Hay algunas fórmulas para seguir trabajando. Si esta es tu intención, puedes consultarlas con la administración competente.

## ¿Elevar o eliminar la edad de jubilación?

Este es un debate abierto y actual.

Si las personas podemos llegar a cumplir los 100 años, ¿de qué forma afectará a los sistemas de jubilación hoy existente y cuyo objetivo es ayudar a las personas en las últimas décadas de sus vidas?

Actualmente, diferentes países tienen distintas políticas de jubilación. En EE.UU., no hay jubilación obligatoria, con excepción de ciertas categorías profesionales, como los pilotos de aerolíneas comerciales, algunos jueces y determinados sectores de la alta dirección. En realidad, en la mayor parte de los trabajos, es ilegal obligar a las personas a jubilarse. Sin embargo, diversas señales funcionan como inductores de la jubilación.

Por el sistema de seguridad social americano, por ejemplo, la edad para que alguien se jubile está estipulada en 65 años (pudiendo llegar a 67). Otro ejemplo es el hecho de que el sistema permite actualmente que el individuo reclame la concesión de beneficios ya a los 62 años (aunque los pagos sean reducidos).

Según diferentes opiniones de economistas y demógrafos, en los próximos años, la edad para la jubilación tendrá que subir considerablemente, cerca de los 70 años o más, para financiar la generación del baby boom, a medida que ésta vaya envejeciendo.

Cuando la Seguridad Social entró en vigor en España, la expectativa de vida era bastante menor. Nuestro concepto de edad para jubilarse se basa en el sistema alemán, que fijó la edad de 65 años para la jubilación, ya que la mitad de la población de la época jamás alcanzaba esa edad. Se trataba, por lo tanto, de un sistema de seguro social que funcionaba, pues cubría sólo aquellos que sobrepasaban el límite de esperanza de vida de entonces. Con el tiempo, en EE.UU. dejaron de pensar en la Seguridad Social como un sistema de seguro para la longevidad y empezaron a utilizarlo como un programa de transferencia, que remunera las personas para que no trabajen durante 30 ó 40 años. Con el aumento de la esperanza de vida y la disminución del número de jóvenes que paga impuestos, se vuelve cada vez más caro e inviable sostener ese programa.

Si quisiéramos financiar periodos de vida más largos, tendremos que actuar de forma más inteligente, trabajar más tiempo, ahorrar más para la jubilación y reestructurar la Seguridad Social. La jubilación no será algo tan atractivo para las futuras generaciones como lo fue para la generación de nuestros padres o las nuestras.

El escenario de la jubilación es diferente en Europa, "donde las edades para la jubilación son más rígidas", según indica Doblhammer-Reiter. "La edad es de 65 años y, en muchos países, aumentará los próximos años hasta 67, como en España. El hecho es que las personas se jubilan actualmente poco después de los 60 años. Nadie trabaja hasta los 65, en parte porque los trabajadores más mayores son más caros y menos flexibles. Esto significa que en épocas de desempleo elevado, son despedidos con más frecuencia que otros grupos de edad.

En Europa los países con esperanzas de vida más elevadas adoptan una franja de edad más precoz para la jubilación. Italia es un ejemplo de eso. Se trata de una situación insostenible. El sistema de pensiones no se puede financiar si no se cambia. No hay otra salida que recortar la concesión de las pensiones o hacer que las personas se jubilen más tarde.

¿Cuál debería ser la edad de jubilación de las generaciones que podrán vivir hasta los 100 años? Esto dependerá de la ocupación, necesitamos edades flexibles para la jubilación.

Recientemente Dinamarca tomó esa medida. Existe un movimiento en el sentido de hacer las pensiones más justas: si trabaja más años, debe recibir una pensión mayor. Las personas podrán decidir cuándo desean jubilarse.

### Acceder a la enseñanza en Universidades

Incorporarse como profesor universitario, es otra posible alternativa para algunas personas que cumplan con los perfiles y requisitos requeridos por las distintas Universidades públicas o privadas.

No existe una normativa generalizada para este acceso y por lo tanto deberás dirigirte y consultar directamente con una Universidad concreta y ver las posibilidades de incorporarte en ella.

Para ser profesor universitario, debes ser en primer lugar licenciado, con un expediente académico excelente, complementando con estudios de especialización en un tema que te guste especialmente.

En la universidad es interesante ir obteniendo agenda (contactos) y colaborar, si es posible, con algún profesor o departamento. Siempre en un tema que nos interese y nos guste.

Hay que realizar el doctorado y a la vez colaborar en algún proyecto universitario. Además, acudir a todos los congresos posibles y presentar comunicaciones en ellos (cuando seamos doctores podremos presentar ponencias).

Una vez que uno se doctora, si ha seguido estos pasos, es posible comenzar a dar alguna asignatura que otra. En España, el siguiente paso es acreditarse en la ANECA, que es un organismo de carácter autónomo, en forma de fundación estatal.

## *Responsabilidad familiar*

### Actividades con los nietos

En el caso de que tengas nietos seguramente pasas con ellos menos tiempo del que te gustaría, o surge la necesidad de ayudar y ocuparse de ellos durante algún tiempo.

Con ellos puedes realizar actividades como:

- **Lectura:** si son pequeños, a tus nietos les encantará escuchar cuentos. Así, fomentarás su afición por la lectura y su capacidad de prestar atención. Algo que agradecerán padres y educadores en toda la vida escolar que les queda por delante.

- **Nuevas tecnologías:** enseñar y aprender, esta actividad permite aportarles tu experiencia y familiarizarte con las nuevas tecnologías. Ellos asumen su responsabilidad y apreciarán tu ayuda cuando haya que hacer trabajos para el colegio. Padres y educadores valorarán también tu ayuda para garantizar su seguridad en el acceso a redes sociales.
- **Compartir sus aficiones:** los niños de todas las edades tienen que mantenerse activos. Seguramente practique algún deporte o participe en algún otro tipo de actividad. Muestra interés por ello, tus nietos agradecerán que vayas a verle entrenar o le escuches tocar la flauta mientras ensaya, se sienten importantes.
- **Hazle partícipe de tu mundo:** ellos disfrutarán cuando les hagas partícipes de lo que te gusta. Mostrarles tus intereses, inquietudes y habilidades contribuirá a romper barreras intergeneracionales y a que, en general, valoren más a los mayores.
- **Muestra el niño que hubo en ti:** ¿a qué jugabas cuando eras pequeño? Muchos de esos juegos populares han caído en el olvido y encantarán a nuestros nietos, ayudándoles a recuperar tradiciones y diversiones. ¿Recuerdas las "Tabas", "Chorro, morro, pico, tallo, y qué...", el "Molinete", las canciones de comba, "Pincho Romero", el "Cometierra", "Una, dole, tele, catole...", el "Tirabeque"...?
- **Sus padres:** grandes desconocidos. Las historias que puedes contarle a tu nieto sobre la vida de sus padres cuando eran pequeños harán que el niño se identifi-

que más con ellos, y enriquecerá el concepto "familiar" al tener un sentido de la continuidad de la familia.

Disfruta de tus nietos sin olvidar nunca las normas y obligaciones que sus padres han decidido, aunque no estés de acuerdo, las generaciones son distintas y eso implica diferentes criterios de educación.

### *Adopta una mascota*

Tener en casa un animal tiene muchos beneficios para nuestro ánimo, y para nuestra salud general. Se ha demostrado que aquellas personas que padecen enfermedades crónicas y conviven con alguna mascota tienen corazones más sanos que aquellos enfermos que no los tienen. Un grupo de científicos analizaron a unas 200 personas y vieron que las que tenían mascota presentaban una mayor variabilidad del ritmo cardíaco que las que no tenían.

Entre todos los animales domésticos: gatos, perros, conejos, pájaros, hamster, entre otros, los más beneficiosos son los perros. Se han visto estos beneficios en personas mayores, enfermas, con depresión, pero también embarazadas y en niños.

Beneficios de tener mascota:

- Ayuda a sobrellevar el deterioro mental o físico.
- Acelera la recuperación de dolencias graves.
- Aminora la ansiedad y ayuda a combatir los efectos de una depresión.
- Reduce la sensación de abandono.
- Ayuda a regular la tensión arterial (al acariciarlo).
- De modo general, aumenta el bienestar y la vitalidad de los que le cuidan.

Recientemente la terapia con animales se ha convertido en un recurso importante para las personas mayores, especialmente para aquellas que tienen alguna discapacidad cognitiva o dificultad emocional. Como apoyo para las personas con Alzheimer es muy interesante.

Es fundamental que sepas que un animal va a tener numerosas exigencias diarias que nunca podrás pasar por alto, aunque son muchas las ventajas que puede aportar.

Si tienes tiempo y espacio, el cuidado de un perro, un gato, o cualquier otro animal doméstico, puede enriquecerte mucho, proporcionarte cariño, ayudarte a practicar ejercicio físico y satisfacer la necesidad de asumir la responsabilidad del cuidado de otro.

Para adoptar un animal debes informarte de sus necesidades de alimentación, cuidado de la salud, y ejercicio físico, así como conocer la normativa de tu localidad respecto al uso de la vía pública y proceso de adopción.

Si estás pensando en adoptar un animal reflexiona primero si podrás hacerte cargo de él con responsabilidad, concienciado de todos los cuidados que necesitará, si la respuesta es afirmativa y quieres entregar tiempo, dedicación y cariño a un nuevo amigo no lo dudes: acude a un centro de protección animal o perrera de tu municipio o a cualquier asociación que promueve esta posibilidad. Ayudarás a un animal a tener una segunda oportunidad.

Casi todos los centros de protección animal disponen de página web donde podrás conocer mediante fotografías a todos los animales que están allí, perros, gatos u otros, así como la información sanitaria de cada uno, su carácter, etc.

### *Recursos para mejorar las capacidades*

> *"Envejezco aprendiendo cada día muchas cosas nuevas".*
> Platón.

Está demostrado que la capacidad para estudiar no tiene edad y que en muchas ocasiones la agilidad mental y la memoria se pierden por falta de hábito. La prueba es que los cursos para mayores están llenos de personas a las que los años no han reducido su interés por aprender y por establecer nuevas relaciones.

La jubilación permite disponer de tiempo y organizarlo de acuerdo a nuestros objetivos y satisfacer las inquietudes intelectuales. Más de 55.000 personas que superan los 50 años estudian en programas específicos en alguna de las 54 universidades para mayores públicas o privadas que existen en España.

Es un recurso que también se va implementando en diversos países, existiendo la Red Iberoamericana de Experiencias Educativas Universitarias con Adultos Mayores.

Esta red se organiza a través del Foro Iberoamericano de Programas Educativos de Mediana y Tercera Edad - FIMTE -, tiene como objetivos desarrollar y mantener a través de Internet un ámbito de comunicación permanente en español y portugués entre los grupos educativos iberoamericanos con programas para la mediana y tercera edad - GUIMTE - y propiciar una participación activa de sus directivos, docentes y alumnos. El proyecto comenzó a gestarse en el año 2003. Su página web es http://www.fimte.fac.org.ar

Los mayores que pasan por cualquier tipo de formación destacan una mejora de su calidad de vida, obtenida mediante el fomento de sus capacidades intelectuales. El acceso al conocimiento, a la educación y a la capacitación es indispensable para llevar una vida activa y plena que favorezca el desarrollo personal. La formación permanente constituye un elemento clave para el envejecimiento activo y la autonomía personal.

Estudiar aporta otro plus: la posibilidad de comunicarte con personas de la misma edad e incrementar la relación con los más jóvenes, lo que potencia la tolerancia intergeneracional.

Existen una serie de servicios y actividades de acuerdo con las necesidades propias de cada edad, favoreciendo el acceso a la información, tu integración en la sociedad y tu mantenimiento físico y psíquico.

Te resumimos las más interesantes. Infórmate de las que ofrecen en tu localidad de residencia. En tu Comunidad Autónoma, a través de su página Web, puedes encontrar diversa oferta informativa como por ejemplo sobre:

- **Universidad para Mayores de 55 y Educación para personas adultas.** Fomenta tus capacidades intelectuales y aprende hábitos saludables como el estudio o las inquietudes científicas y tecnológicas que te permitirán una mejor integración en la sociedad. También si lo que necesitas es una formación inicial, o simplemente actualizar tus conocimientos. Los programas universitarios de formación para mayores suelen comenzar en el mes de octubre y se extienden hasta junio.
- **Aulas Informáticas.** En numerosos centros culturales y de mayores se organizan cursos de informática en diferentes niveles adaptados. Esto te permitirá acceder a un mundo donde exponer tus opiniones,

compartir conocimientos, aprender, contactar con antiguos compañeros, conocer nuevas amistades, ampliar horizontes.

- **Programa de Vida Activa.** Proporciona habilidades y recursos a las personas mayores para afrontar adecuadamente el proceso de envejecimiento de forma activa y saludable.
- **Programa de Preparación para la Jubilación.** Son cursos de formación destinados a facilitar la adaptación de las personas que están en situación cercana a la fase de jubilación a su nueva realidad social, cultural y familiar.
- **Bibliotecas.** Se pueden consultar en línea a través de Internet los catálogos de las bibliotecas públicas nacionales y de la red de bibliotecas autonómicas. Este servicio proporciona para cada búsqueda de un ejemplar, las bibliotecas en las que puede encontrarse disponible el libro.
- **Museos.** Infórmate de la oferta museística de tu lugar de residencia o la que visitas en tus viajes.
- **Cursos en centros cívicos.** Ayuntamientos y asociaciones de diversa índole preparan extensos programas de formación y entretenimiento, dirigidos a hombres y mujeres que disponen de tiempo para dedicárselo a sí mismos. Estos programas están subvencionados y pueden ser de restauración, informática, pintura, creación literaria, maquetas o actividades más dinámicas como natación, gimnasia y bailes que se ofrecen de manera ininterrumpida durante todo el año, de manera gratuita o con precios muy asequibles.

*"Los años enseñan muchas cosas que los días jamás llegan a conocer"*. Emerson.

### *Recursos de ocio, deporte y cultura*

Cualquier actividad puede ser considerada como ocio, sin embargo, diversos estudios han encontrado que determinadas actividades repercuten más positivamente sobre las personas según vamos cumpliendo años. Se trata de analizar los efectos de diferentes tipos de actividades sobre la satisfacción vital.

Sólo las actividades informales que incluyen relaciones sociales primarias, tienen asociación con la satisfacción vital.

Una gran parte de las personas mayores participan más en actividades pasivas y centradas en el hogar que en actividades de ocio estructuradas, pero diversos estudios destacan que la actividad centrada en el hogar está fuertemente relacionada de modo inverso con la satisfacción vital alrededor de los veinte años, pero es la que más contribuye (a la satisfacción vital) para los que sobrepasan los 74.

Las actividades solitarias como la lectura o los hobbies tienen una relación positiva con la satisfacción vital. En cuanto a las actividades pasivas, algunos autores han encontrado una relación negativa entre ver la televisión y el bienestar psicológico; realizaron un estudio para determinar qué actividades son las que se encuentran más relacionadas con el bienestar subjetivo.

Diferenciaron entre tres tipos de actividades: pasivas (hobbies y manualidades), físicas (caminar y nadar) y sociales (visitar a amigos y asistencia a clubes). Las manualidades y los hobbies eran las actividades de ocio que mostraban una más clara asociación con el bienestar psicológico.

Bajo las diferentes formas de ocio subyacen también diferentes necesidades. Podemos clasificar estas necesidades en once grandes grupos:

1. Autonomía: organizar proyectos y actividades que resulten significativas desde un punto de vista personal.
2. Relajación: actividades que permitan dar al cuerpo y/o a la mente un descanso.
3. Actividades familiares: que refuercen los vínculos entre sus integrantes.
4. Huir de la rutina: para olvidarse de las responsabilidades de la vida diaria.
5. Interacción: disfrutar de la compañía de los demás y hacer nuevos amigos.
6. Estimulación: a través de actividades que aporten nuevas experiencias.
7. Uso de habilidades.
8. Salud: mantenimiento de una buena forma física y un estado saludable.
9. Estima: con acciones que permitan ganarse el respeto o la admiración de los demás.
10. Desafío/competencia: poniéndose a prueba en situaciones difíciles.
11. Liderazgo/poder social: mediante el desarrollo de actividades en las que se pueda desempeñar un papel destacado de liderazgo.

¿Cuáles son tus necesidades? Reflexiona sobre ellas y elige el tipo de ocio que te ayude a satisfacerlas.

## Hobbies

El término hobby -hobbies, en plural- hace referencia a aquellas actividades de entretenimiento que abordamos con pasión y satisfacción personal cada vez que tenemos tiempo libre.

Un hobby o pasatiempo es una actividad que ocupa mucho tiempo pero da muchas satisfacciones y te relaciona con otras personas.

**Pasos para elegir un hobby:**

1. Investiga dentro de ti para ver qué es lo que más te gusta. Puedes comenzar eligiendo si quieres un hobby relacionado a una actividad física, a coleccionar, a fabricar cosas, etc.
2. Una vez que sepas eso, refina tu búsqueda, si lo tuyo es lo físico, ¿qué actividad te gusta más?, ¿qué deporte se ajusta más a tus necesidades, capacidades y a tu bolsillo?, ¿lo que quiero hacer se puede realizar en la zona donde vivo?
3. Si lo tuyo es coleccionar ¿qué quieres coleccionar?, ¿qué puedo coleccionar?, ¿qué está más a mi alcance?
4. Investiga en Internet sobre el hobby de tu elección, concéntrate en foros, encuentros, etc.

Recuerda, un hobby es una pasión y eso requiere dedicación, tiempo, trabajo y, a veces, dinero. Evalúa si estás dispuesto a hacerlo.

Si no deseas partir desde cero en una afición, porque te resulte algo poco motivador, puedes echarles un vistazo a esas actividades que realizabas años atrás y de las que, seguro, queda un poso de interés y conocimiento.

**Hay más de cuatrocientos, ¿cuál es el tuyo?**

La mayoría de las personas desarrollan o potencian alguna actividad como pasatiempo –hobby–. A menudo, se escogen aquellas que son reflejo de las propias motivaciones, talentos o dones; por este motivo, es fundamental procurar sacar tiempo para realizarse y alimentar esas pasiones.

Hacer deporte, escribir poemas, leer, pescar, ver películas, cocinar, navegar, componer canciones, coleccionar –sellos, relojes, cómics, monedas, muñecas, objetos antiguos…– nadar, cazar, montar puzles, viajar, dibujar, la jardinería, el modelismo, la fotografía, etcétera.

Toda actividad es susceptible de convertirse en tu hobby; incluso es frecuente que cambiemos de pasatiempo con el paso de los años, ya que nuestras motivaciones pueden variar.

Existen alrededor de 400 hobbies tipificados. Muchos de ellos, los relacionados con el coleccionismo, se consideran no creativos: se orientan hacia el conocimiento y ejercitan la memoria. Por otro lado, están los que permiten el uso discrecional de la creatividad, donde es muy importante el interés personal y son aquellos donde el producto final es una creación propia: carpintería, fotografía, bricolaje, pintura, costura, bordado, escultura, entre otros.

Algunas aficiones más conocidas son: acuariofilia, Juegos de mesa, Bricolaje, Cocina, Filatelia, numismática, Militaria (objetos sobre temática militar y/o policial), souvenir, Glucofilia (Coleccionismo de envoltorios de azúcar), Bonsái, Aeromodelismo, tren eléctrico, pintado de miniaturas, Origami (Plegado de papel y papiroflexia), Papercraft (Construcción de figuras tridimensionales de papel), Radioafición, etc.

## Ofertas culturales y recreativas

Disfrutar de la cultura, de viajar y de las ofertas recreativas son opciones cada vez más valoradas por las personas mayores. Se dispone de más tiempo, satisface intereses, posibilita aprender de forma informal y distendida, permite consolidar y adquirir nuevas amistades y da lugar a nuevas inquietudes e intereses.

Las actividades y ofertas pueden provenir principalmente desde varias vías: la Administración del Estado, las administraciones regionales o locales, la iniciativa privada, las ongs o también de tu propio entorno.

En España, el Imserso es la Entidad Gestora de la Seguridad Social para la gestión de los Servicios Sociales complementarios de las prestaciones del Sistema de Seguridad Social, y en materia de personas mayores y personas en situación de dependencia. Gestiona dos programas de gran interés:

**Programa de vacaciones para mayores**

Destinadas a personas mayores, con los objetivos de facilitar la incorporación de este colectivo a las corrientes turísticas, al tiempo que ayuda a paliar las consecuencias que en materia de empleo produce el fenómeno de la estacionalidad en el sector turístico del país.

**Programa de termalismo social**

A través del Programa de Termalismo Social el Estado español proporciona a los/las pensionistas, que por prescripción facultativa precisen los tratamientos que se prestan en los balnearios y que reúnan determinados requisitos, el acceso a precios reducidos a estos establecimientos. El Programa está organizado y financiado por el Ministerio de Sanidad, Política Social e Igualdad, a través del Instituto de Mayores y Servicios Sociales, quien anualmente concierta con establecimientos termales la reserva de plazas en balnearios para la estancia y tratamiento de las personas usuarias del Programa.

Si quieres conocer los requisitos de acceso, y procedimientos de solicitud, de uno y otro programa, puedes acceder a su página web.

**Organismos locales**

Los organismos regionales y locales, tienen las competencias en servicios, incluida la atención a las personas mayores y a través de los Centros de Mayores impulsan una gran variedad de programas en los que las actividades que se realizan en ellos fomentan el desarrollo personal mediante talleres, conferencias, viajes culturales, senderismo y un sinfín de actividades variadas.

Dirígete a sus servicios de información por teléfono, consultando su página Web o de manera presencial, donde te expondrán los recursos, servicios, programas y actividades disponibles a los que puedes acceder.

Consulta en el Centro de Servicios sociales donde resides sobre las actividades que promueve y en las que puedes participar. Ellos también disponen de Centros de mayores y Centros culturales donde se desarrollan múltiples actividades.

No lo dejes pasar, seguro que en tu pueblo, comarca, o ciudad existen actividades y recursos atractivos para ti.

**La Iniciativa privada**

Las empresas son conocedoras del tiempo disponible de las personas maduras. Ofrecen una gran diversidad de posibilidades.

A través de Internet puedes conocer y acceder a muchas de ellas, por ejemplo: agencias de viajes, cadenas hoteleras, grupos de restauración, ocio, espectáculos... Habitualmente publicitan precios especiales y ofertas para mayores de 50 o 55 años.

**Las Ongs**

Las Organizaciones no gubernamentales ofrecen también muchas actividades pensadas para las personas de todas las edades. A través de Internet puedes conocer y acceder a muchas de ellas.

Las ONG ofrecen muchas posibilidades de incorporación como voluntario en su organización.

### *Recursos para cuidados de personas con necesidades de apoyo*

Dirígete a los servicios de información de tu localidad de residencia, por teléfono, consultando su página Web o de manera presencial, donde te expondrán los recursos, servicios, programas y actividades disponibles a los que puedes acceder.

Aquí podrás encontrar posibilidades para:

**A) Mantenimiento de las personas mayores en su entorno comunitario y apoyo a las familias.**

**Servicios:**

- **Centros de Día.-** Atención diurna a la persona mayor en situación de dependencia en centros especializados, donde se les facilitan los cuidados personales y asistenciales necesarios, mediante el desarrollo de actividades preventivas y rehabilitadoras.
- **Comedores.-** Servicio de comedor gratuito.

**Programas:**

- **Ayuda a Domicilio.-** Atención a la persona mayor en su domicilio por parte de personas cualificadas, en cuidados personales y tareas domésticas.
- **Teleasistencia.-** Atención rápida a la persona mayor que vive sola o en situación de riesgo social en su domicilio, ante cualquier problema que surja en las 24 horas del día. Tan fácil como pulsar un botón.
- **Estancias Temporales en Residencias.-** Ingreso temporal en residencia, de la persona mayor, cuando su familia, por distintas circunstancias, no le puede atender en periodos puntuales.
- **Programas para personas mayores afectadas de Enfermedad de Alzheimer y otras demencias.**

- **Talleres de Psicoestimulación**, destinados a enfermos de Alzheimer en fase leve-moderada.
- **Programa de Cuidar al Cuidador.-** Grupos de formación dirigidas a la atención de las personas que cuidan a familiares afectados de enfermedad de Alzheimer, "aprender a cuidar, aprender a cuidarse".

- **Ayudas complementarias.-** Facilitar la permanencia de la persona mayor en su domicilio, mediante la instalación gratuita de teléfonos, pequeños arreglos en la vivienda y atención de emergencia social.

**B) Alojamiento alternativo y atención especializada.**

**Servicios:**

- **Acogimiento Familiar.-** Posibilita la convivencia a una persona mayor que por diversas circunstancias no puede continuar residiendo en su vivienda habitual, mediante su integración en una familia acogedora.
- **Pisos Tutelados.-** Ofrecen una alternativa de vivienda a la persona mayor en situación de total autonomía personal, que carece de vivienda o esta no reúne las adecuadas condiciones de habitabilidad.
- **Residencias para Mayores.-** Atención preventiva, rehabilitadora y de cuidados personales, a las personas mayores que, por su situación sociofamiliar y limitaciones en su autonomía personal, no puedan ser atendidos en sus propios domicilios y requieran ser ingresadas en un centro residencial.

# VII. Planifícate

## *Organización del tiempo*

*"Sólo en medio de la actividad desearás vivir cien años".*
Máxima Japonesa.

### Cómo administrar el tiempo

Cada semana, todos contamos con 168 horas y todos podemos beneficiarnos de hacer uso del tiempo de forma eficiente.

La administración del tiempo analiza nuestro uso de este recurso de forma regular, para comprender la forma más adecuada de usarlo de forma efectiva.

Manejar tu tiempo te obligará a ser explícito en cuanto al valor que le das a tu vida personal y te permitirá dirigir tus esfuerzos en concordancia.

Controlar tu tiempo te ayudará a mantener el equilibrio entre las múltiples presiones bajo las cuales estás sometido, facilitándote entonces el logro de tus objetivos, y evitando el estrés, el cansancio y en algunos casos el aburrimiento.

### Controla tu tiempo

- **Conoce cómo utilizas tu tiempo**: durante una semana lleva una bitácora (control en papel) del tiempo que dedicas a cada actividad. Divide las tareas en categorías como: visitas, ocio, viajes, comida, descanso, actividades personales, actividades elegidas, cuidado de nietos, etc. Analiza el uso de tu tiempo y si se corresponde con tus expectativas.

- **Establece tus objetivos:** en base a lo que es importante para ti determina que quieres lograr cada día y semana. Desglosa cada objetivo en tareas, asígnales un tiempo estimado a cada una y establece tus prioridades.
- **Organiza su tiempo:** identifica las herramientas correctas que te permitirán comprometerte a cumplir las tareas identificadas en un tiempo específico. Las herramientas puede ser: listas de cosas por hacer, calendarios, planificadores, hojas grandes, agendas, etc.
- **Identifica y elimina los enemigos de tu tiempo:** los principales problemas para controlar el tiempo suelen ser:
  - Sobrecargar tu horario: tratar de hacer más de lo que resulta posible.
  - Asumir tareas de otros.
  - Ladrones de tiempo: llamadas telefónicas no planificadas, visitantes inesperados, imprevistos, etc. (poco a poco aprenderás a reducirlos).
- **Consejo:** coloca en un papel muy visible (en tu teléfono, en el frigorífico, ordenador, etc.) con lo siguiente escrito bien grande: LO QUE ESTOY HACIENDO EN ESTE MOMENTO, ¿ME MUEVE EN DIRECCIÓN HACIA MIS OBJETIVOS?

Para saber que estamos utilizando correctamente el tiempo, acudiremos a la matriz del tiempo en la cual se combina las dimensiones de lo importante y no importante con las dimensiones de lo urgente y no urgente. Observa el gráfico siguiente:

| MATRIZ DE LA ADMINISTRACIÓN DEL TIEMPO | | |
|---|---|---|
| | **Urgente** | **No urgente** |
| **Importante** | **I Actividades:**<br>Crisis<br>Problemas apremiantes<br>Actividades retrasadas | **II Actividades:**<br>Prevención<br>Construir relaciones<br>Reconocer oportunidades<br>Planificación, recreación |
| **No importante** | **III Actividades:**<br>Interrupciones, llamadas, asuntos inmediatos, cuestiones sin trascendencia | **IV Actividades:**<br>Trivialidades, algunas llamadas, pérdidas de tiempo, chatear, enviar correos en cadena |

Adaptado de S. Carey: "Los 7 hábitos de la gente altamente efectiva".

- En el gráfico superior, la dimensión ideal es la que combina **lo importante con lo no urgente** (Cuadrante II), si una persona se desenvuelve en esta dimensión significa que planifica su vida y prioriza lo que tiene que hacer para alcanzar sus objetivos, cumpliendo con su plan.
- En **lo importante y urgente** (Cuadrante I), están las personas que planifican, pero no cumplen con su plan, porque en el día a día distraen su tiempo en otras cosas, faltándoles tiempo para cumplir con su plan, haciendo las cosas contra el tiempo.
- En **lo no importante y urgente** (Cuadrante III) están las personas que no planifican, por lo tanto no saben que es lo importante y son reactivos porque su vida está en función de lo que los demás quieren que haga, quienes lo presionan a hacer cosas de forma urgente, no teniendo la persona capacidad para elegir.

- En **lo no importante y no urgente** (Cuadrante IV) están las personas que deciden ocupar su tiempo en cosas triviales, cosas que no le permiten construir nada, sólo pasar el tiempo divirtiéndose.

La base de la administración del tiempo está en planificar y cumplir con el plan que se tiene.

La planificación es el proceso mediante el cual establecemos que queremos y como lo vamos a alcanzar. Si no planificamos no sabremos hacia donde vamos y por lo tanto no podremos priorizar.

**Organízate**

- Es imposible pensar en una buena organización sin la ayuda de una agenda.
- La agenda es una herramienta indispensable para organizarse, por lo que será necesario recordar lo siguiente:

**Anota todo**

- Las actividades diarias, pendientes o citas, con sus respectivos horarios.
- Es importante anotar todo por orden de importancia, y tratar de resolverlos en el menor tiempo posible, de lo contrario, se corre el riesgo de que la lista de pendientes se incremente, haciendo más complicado su cumplimiento.
- Aprende a decir "no" a los ladrones de tiempo.

**Reserva tiempo para ti**

Se aumenta la eficiencia en las tareas si se tiene tiempo para disfrutar de tu familia y de ti mismo.

Si se realiza alguna actividad que relaje, divierta, entretenga y permita el crecimiento de la persona (algún deporte, bailar, pintar, escribir, leer, estudiar) las relaciones con los demás y el propio desempeño se verá favorecido.

El tener sueños, metas y un compromiso real con uno mismo, reafirma en forma positiva la autoestima.

### Concéntrate en algo especial, haz solo una cosa

Si pretendes ayudar a alguien en su tarea y al mismo tiempo hablar por teléfono, es probable que descuides alguna de las dos cosas. En cambio, enfocarse en una sola actividad permite concentrarse mejor, hacerlo más rápidamente.

### Empieza hoy mismo

No es necesario dejar para mañana lo que puedas hacer hoy. Evita las excusas y podrás constatar los beneficios de una buena organización de tu tiempo, también desde hoy mismo.

## *Planificación y gestión del tiempo*

### Administración del Tiempo en nuestra vida

Si hubiera un banco que te diera cada mañana 1.440 monedas de oro y en la noche al final del día te quitará las monedas que no has usado, ¿que harías?

Seguro que gastarías en el día hasta la última moneda...

Ese banco existe y se llama tiempo, cada día te entrega 1.440 minutos y al final del día te quita los que no has usado.

Depende de ti como usas esas preciosas monedas llamadas tiempo.

## ¿Qué es el tiempo?

Un recurso que no se puede almacenar, no se puede reemplazar, no tiene sustitutos y no se puede dejar de consumir.

Es necesario administrar este recurso correctamente

Determinar cómo usamos nuestro tiempo para alcanzar nuestros objetivos en el menor tiempo posible.

Es necesario comenzar planteándose 3 objetivos para nuestra vida: salud, felicidad y éxito. En la medida que dediques el tiempo a estos tres objetivos lograrás un equilibrio en tu vida, que te permitirá crecer como persona.

El tiempo es un recurso especial:

- Todos tenemos el mismo.
- Una vez pasado ya no se recupera.
- Cualquier actividad requiere tiempo.

¿Podemos controlar el tiempo?
Rotundamente ¡¡¡ NO !!!

- Podemos controlar las actividades que realizamos.
- De modo que podremos realizar:
  - Más actividades.
  - Aquellas actividades que sean más importantes.
    - Nos proporcionan mayor satisfacción.
    - Nos llevan hacia nuestros objetivos.

## El éxito

Significa alcanzar los objetivos que te trazas.

Para ello es necesario que le dediques más tiempo a la reflexión y a la planificación, que a la acción propiamente dicha.

La planificación es lo que realizas para decidir que vas a hacer y la acción es ejecutar lo decidido o llevarlo a la práctica

Si tu te equivocas en la planificación decidiendo hacer algo que no te generará valor, el hacerlo no tendrá sentido, sólo te hará perder tiempo

Por lo tanto es importante que le dediques tiempo a la planificación.

El tener presente estos tres objetivos, te permitirá en el día a día priorizar, ser más planificador que operativo, tomar decisiones acertadas sobre el uso del tiempo, hacer lo que sea importante en tu vida y no perder tiempo.

**Descansa, respeta las horas de sueño y de descanso**

Así como es necesario alimentarse sanamente y ejercitarse regularmente, el descanso diario es también indispensable para conservar un buen estado de salud.

El humor, energía, claridad mental y desempeño está determinado, en gran medida, por la cantidad de descanso que se obtiene al dormir, por lo que las horas de descanso deben tener un lugar especial en la agenda.

No olvides los valores de una pequeña siesta…

**Involucra a la familia, incluye a los demás en las distintas tareas del hogar**

Además de la ayuda que proporcionan, se fomentará la formación de buenos hábitos, lo cual a su vez contribuirá a que sepan organizarse de una mejor manera en el futuro (en el caso de los hijos...).

**Empieza hoy mismo**

Es frecuente escuchar la frase: "A partir del lunes, empiezo...", aunque en realidad se necesita para comenzar mucho más que una fecha, se requiere de una intención real y autodisciplina para llevar a cabo el propósito.

La persona persistente y tenaz que logre iniciar un cambio en su forma de organizarse, verá los resultados de su esfuerzo en un mejoramiento en su calidad de vida, en sus relaciones con los demás, pero sobre todo, tendrá la satisfacción personal de lograr todas sus metas y ser dueño de su tiempo y de sí mismo.

## Organización

1. La lista de tareas:

    - El inventario.
    - Origen de muchas urgencias de la lista...
    - Criterios de importancia.

| **Descripción** | **Prioridad** | | **Tiempo estimado** |
|---|---|---|---|
| | **Importante** | **Urgente** | |
| Resolver la inundación de la casa | SI | SI | Hacer ya |
| Planificar un viaje para el mes que viene | SI | NO | Programar |
| Comprar una pieza para el ordenador | NO | SI | Delegar |
| Hacerme con una pieza de mi colección | NO | NO | No pasa nada |

2. La matriz de prioridades: discernir lo que tiene poca o mucha urgencia/importancia. Es clave haber acabado el día haciendo lo más importante y urgente.

3. Identificar las horas más y menos eficaces.

4. La realidad del tiempo controlable.
5. Usar un plan para organizarse.
6. Vivir con el plan diario.

**Decálogo del uso de tiempo**

1. Decide a donde quieres ir, es decir, tus objetivos.
2. Planifica tus actividades para llegar allí.
3. Asigna a cada una solo el tiempo justo.
4. Comienza por la más importante.
5. Sigue tu programa, salvo que surja algo más importante.
6. Hazlo ya, no lo dejes para luego.
7. Concéntrate en un solo asunto.
8. Acaba lo que comiences.
9. Haz el mejor uso de tu próximo minuto.
10. Tómate tiempo para ti mismo; desarróllate, disfruta, vive.

### *Dedicación al ocio, deporte y tiempo libre*

Según una encuesta de hábitos y prácticas culturales realizada por el Ministerio de Cultura de España, las 5 actividades más realizadas por las personas mayores son: ver la televisión, descansar, pasar tiempo con la familia, hacer excursiones y practicar juegos de mesa.

En comparación con el conjunto de la población, los porcentajes de realización son similares.

A excepción del descanso y los juegos de mesa, que en el caso de las personas mayores son más habituales, mientras que las relaciones sociales, la lectura o la escucha de música presentan porcentajes inferiores.

## Áreas importantes que se pueden rellenar en el tiempo disponible de las personas maduras

> *"Cuando me dicen que soy demasiado viejo para hacer una cosa, procuro hacerla enseguida".* Pablo Picasso.

- La cultura, dirigida a completar la propia formación.
- El desarrollo de actividades intelectuales.
- Encontrar hobbies.
- Desarrollar relaciones sociales.
- Viajar.
- Leer, escuchar música, pintar, artesanía manual...
- Llevar a cabo una investigación.
- Integrarse en grupos que colaboran en causas humanitarias, en difundir ideales políticos, religiosos, ecológicos, etc.

Con una buena planificación del tiempo, se pueden abarcar simultáneamente un buen número de facetas, escogidas en función de los propios intereses y tendencias, a la vez que en relación con los medios y disponibilidades de cada persona, de modo que el día a día puede resultar más plena y satisfactoria que en edades anteriores de la vida.

El principal obstáculo está muchas veces en tomar una decisión, en informarse, en dar el primer paso. Después, todo es más fácil, como si se crease un círculo vicioso que nos empujase hacia un campo cada vez más rico en actividades.

De este modo, además, se consigue una buena prevención de las dificultades y problemas que puede acarrear la vejez. La vida se llena de intereses, motivaciones, de proyección hacia el futuro: de sentido, en definitiva. La vejez equivale así a un gran tiempo de ocio, supone la posibilidad de dedicarse a las actividades que verdaderamente engrandecen al hombre, sin las obligaciones que implica la necesidad de realizar un trabajo remunerado.

Todo esto necesariamente hay que desarrollarlo antes de llegar a la vejez.

Hay que partir de los intereses e inquietudes personales. Tienen que ver con nuestras preferencias.

Las aficiones, gustos e intereses que se muestran a lo largo de nuestra experiencia vital, en la vejez puedan llenar nuestra vida.

Es necesario generar ilusiones y expectativas positivas.

**¿Qué tipos de actividad de ocio son las más frecuentes entre las personas mayores?**

No hay que olvidar el importantísimo papel de sostén que están cumpliendo muchos abuelos y abuelas en aquellos hogares en que ambos cónyuges trabajan. Esta función de satisfacción de las demandas familiares ha quedado demostrada en diferentes investigaciones llevadas a cabo en España (Rodríguez y Sancho, 1995; Bazo, 1994, 1996). Dicha colaboración supone una importante ocupación del tiempo libre para muchos mayores.

La implicación en actividades que supongan un bajo costo económico es la que predomina (ver la televisión, visitar a amigos y familiares, y la rutina de la vida diaria). Entre las actividades formales, la actividad religiosa supone una de las más frecuentes; estas prácticas religiosas son más frecuentes en las mujeres y suelen aumentar con la edad (Courtenay, Poon, Martin, y Clayton, 1992; McFadden, 1995; Zorn y Johnson, 1997).

Excepto algún acontecimiento eventual como un viaje o la asistencia a algún espectáculo, la jubilación supone para la mayor parte de la población un patrón de vida bastante predecible. A pesar de esto, hay variables como el estatus socioeconómico y la educación que van a afectar a la participación en determinadas actividades específicas como viajar, ver la televisión o interesarse por el arte (Kando, 1980; Ouellette, 1996; Subirats, 1992; Zuzanek, 1978).

El deporte, aunque aún es una actividad poco frecuente entre los mayores, parece ir en aumento en los últimos años. Este incremento lo han experimentado tanto aquellas prácticas consideradas como más suaves (por ejemplo, caminar o jugar a la petanca) como también, atendiendo a la mejor forma física de los pensionistas actuales, otras actividades con un mayor componente físico (por ejemplo, excursionismo, natación, marcha, aeróbic, etc.) (Subirats, 1992). No obstante, la participación en este tipo de actividades está condicionada por el nivel socioeconómico, produciéndose con mayor frecuencia entre las personas mayores con una educación y rentas más altas (Fernández-Mayoralas, Rojo y Rodríguez, 1994).

## Beneficios psicológicos que tiene la participación en actividades de ocio en las personas mayores

Gran parte de los estudios que se han centrado en los beneficios psicológicos derivados de la participación en actividades de ocio en los mayores, han aportado resultados satisfactorios. Así, se ha comprobado que una mayor implicación en este tipo de actividades se traduce en niveles de bienestar subjetivo más alto, disminución del sentimiento de soledad, aumento del estado de ánimo o incremento en la capacidad de afrontamiento de los cambios producidos durante el envejecimiento, lo que confirma la afirmación de Argyle (1994): *"El ocio es una fuente muy importante de bienestar, sobre todo para los que no están trabajando, y más importante que el trabajo para muchos que lo están".*

Según este autor, el ocio, las relaciones sociales y el trabajo, constituyen las tres causas fundamentales del bienestar. La participación en actividades de ocio es el predictor más importante de la satisfacción vital en las personas mayores.

Variables como la salud o los ingresos ejercen parte de su influencia sobre áquella indirectamente a través de su impacto sobre las prácticas de ocio. Headey, Holmstrong y Wearing (1985) en su modelo explicativo de bienestar subjetivo otorgan un papel destacado a la satisfacción con el ocio.

### *¿Qué se puede hacer en el terreno de las relaciones?*

> *"La felicidad es un artículo maravilloso: cuanto más se da, más le queda a uno."* Pascal.

- **Hay que fomentar las relaciones sociales.** Pareja, familia, vecinos, amigos de toda la vida, tenderos... todos son ejes fundamentales en nuestras vidas. Trátalos bien, como se merecen. No estés a la defensiva, no esperes nada de ellos, sino plantéate que les puedes dar. Comunícate, comparte tus sentimientos y pensamientos positivos. Relaciónate con la gente joven, que te inyectan optimismo y frescura. Tus nietos pueden proporcionarte nuevos puntos de vista y a su vez ellos necesitan de tu experiencia y enriquecedores consejos. Cuidando de las relaciones te cuidas a ti mismo.

- **Asóciate.** Forma parte de una asociación de personas mayores de las que ahora tanto se están desarrollando. Infórmate sobre los consejos de personas Mayores, en el que participan las principales asociaciones.
- **Defiende tus derechos.** Sigues siendo un ciudadano de pleno derecho, pero eres una diana perfecta para muchos: vivienda, dinero, seguros, compras, etc. Busca un Servicio de Orientación Jurídica que te puede asesorar y apoyar en este sentido, cuando te sea necesario.
- **Mejora tus relaciones con los jóvenes.** Cuida mucho tu actitud, que sea siempre positiva, no les reproches, no te quejes, no aparezcas deprimido. Te tiene que ver cercano/a, habla con ellos con naturalidad, interésate por sus cosas, que te cuenten, pero no los juzgues. Si los necesitas, pídeselo abiertamente. Ofrece tu colaboración, realízales gestiones si tienes tiempo. Gánate su amor y respeto.
- **Amplia tu círculo de amistad.** A las actividades que vayas, en el parque que paseas o en el banco que te sientes. No seas criticón/na, no condenes, no quieras llevar siempre la razón, no te quejes, pero tampoco te calles. Da muestras de aprecio y de cariño, interésate sinceramente por los demás, sonríe, se buen oyente, haz que la persona que esté contigo se sienta importante. Ganarás amigos y relaciones.

### *Planifica tu vida cotidiana*

Es necesario que a lo largo de la vida, cada persona, y según sus propias tendencias, amplíe su círculo de actividades e intereses, de modo que, al llegar a la vejez, pueda ocupar el tiempo tan amplio que en esos momentos tiene a su entera disposición, de modo que no sea una carga que no se sabe cómo llenar hasta el punto de plantearse cómo pasar el tiempo, sino una auténtica oportunidad para dedicarse a aquellas actividades que, precisamente por falta de tiempo, no pudo desarrollar más en etapas anteriores de su vida.

Resulta fundamental planificar todo este tiempo libre con el fin de sacarle el máximo provecho posible. La mayor parte de las personas, salvo graves impedimentos físicos, se encuentran en disponibilidad de fortalecer y ampliar progresivamente parcelas fundamentales en todos los *campos*.

El envejecimiento bien llevado consiste en disfrutar haciendo lo que no se pudo, no se quiso o no se supo hacer antes de alcanzar la madurez. Es tiempo de estudiar, de colaborar con la sociedad o de desarrollar la creatividad.

Envejecer no es sinónimo de enfermedad. Tampoco lo es de carencia de capacidad productiva o creativa ni de un estado de eterno cansancio que obliga a llevar una vida sedentaria. José Saramago, premio Nobel de Literatura en 1998, comenzó a escribir en su jubilación, a los 68 años, pero no es el único ejemplo de artistas que han logrado su máximo esplendor creativo a edades avanzadas.

La sociedad todavía no ofrece suficientes propuestas para llenar los momentos de ocio de ese periodo de la vida y da la espalda a la realidad, a pesar de que dentro de 30 años la mitad de la población de algunos países, como España, estará jubilada o en vísperas de hacerlo. Tras el retiro laboral quedan todavía muchos años en los que disfrutar con actividades distintas a cuidar de los nietos o pasear.

Reflexiona: ¿de qué me jubilo / de qué no me jubilo? Analízate tratando de concretar lo más posible, poniendo ejemplos claros de tu vida diaria.

## *Hacia un nuevo proyecto de vida*

*"Quien tiene un porqué para vivir encontrará casi siempre el cómo".* Nietzsche.

Estamos llegando al final del libro. En él se han ido aportando ideas, referencias, propuestas que esperamos te ayuden a plantearte mejor la vida.

Cuando éramos adolescentes, nos decían que era muy importante tener un proyecto de vida. En este momento de tu vida, esto tiene nuevamente vigencia. ¿Cuál es el tu proyecto de vida actual? ¿Qué quieres hacer con tu vida? ¿A qué la quieres dedicar?

Desarrollar un proyecto de vida supone, después de informarnos y reflexionar, pensar, planificar y decidir cómo queremos vivir esos años del proceso de envejecimiento, preparándonos, eligiendo que actividades (que sean fuente de placer, de esparcimiento y de desarrollo personal) vamos a incluir en él, desarrollando hábitos de autocuidado, participando en la sociedad.

La clave está en buscar cuales son las motivaciones, los motores para seguir viviendo con intensidad. Cultivar las aficiones propias que uno ha dejado olvidadas, o a las que no ha podido dedicarse suficientemente con anterioridad.

El objetivo a largo plazo al desarrollar nuestro proyecto de vida es mejorar nuestra calidad de vida, llegar a experimentar un sentimiento de bienestar psicofísico y socioeconómico en el que influyen tanto factores personales o individuales como factores socioambientales. Dicho proyecto de vida debe ser lo suficientemente flexible como para permitir ir añadiendo cambios en función de nuestras expectativas con respecto al proyecto y la contrastación del mismo con la realidad que nos rodea.

La disminución de nuestros temores y miedos a no saber como manejarnos en situaciones complejas, mejora nuestra salud bio-psico-social, de manera que aportemos vida a los años y no años a la vida, como dice la OMS.

En la medida en que la vivencia de este proceso sea positiva y se pueda ir cumpliendo el propio proyecto de vida se podrán desarrollar estrategias y mecanismos de participación social para poder llegar a ser agentes de cambio en la sociedad, generando nuevos modelos de jubilación distintos al actual modelo algo deficitario.

Estableciendo los objetivos que se desearían alcanzar.

La semana tiene 168 horas. Te proponemos que sintetices todo lo que te ha ofrecido el libro en un planing. Primero comienza rellenando un cuadro con tu organización de vida actual. Posteriormente, planifica una semana fantástica o ideal.

¿Cómo te gustaría organizarte? ¿Qué te gustaría hacer?

Refléjalo en el cuadro y PONTE A ACTUAR...

# VIII. Cómo llegar a los 100 años

No hay una receta exacta para ser un centenario, pero como hemos venido analizando a lo largo del libro es fundamental seguir un estilo de vida saludable.

La mitad de quienes llegan a los cien años lo hacen de forma independiente, con un buen estado de salud y la mayoría son mujeres, aunque los varones tienen mejor salud y más calidad de vida.

Actualmente se están analizando las claves de la longevidad extrema y cómo llegar o, incluso, superar los cien años con calidad de vida.

Como hemos venido viendo a lo largo del libro, todo apunta a que seguir una dieta sana, realizar ejercicio físico moderado y llevar una vida social activa y sin estrés están detrás de ello.

Lo que antes era excepcional, vivir más de 100 años, es hoy un fenómeno frecuente.

## ¿Por qué hay personas que viven más de 100 años?

"Está en sus genes" es una frase común de los científicos cuando se les pregunta acerca de los factores que permiten a los centenarios vivir más de 100 años. Hasta ahora, la investigación se ha centrado en las variaciones genéticas que ofrecen una ventaja fisiológica, como los altos niveles de colesterol "bueno" (HDL).

Un equipo de investigadores de la Universidad Yeshiva (EE. UU.) ha demostrado que los rasgos de la personalidad como ser extrovertido, optimista, tolerante o estar comprometido en actividades que ayudan a los demás también pueden contribuir a una mayor longevidad.

Estudios previos sugerían que la personalidad está directamente relacionada con mecanismos genéticos que pueden afectar directamente a la salud. Este estudio, que incluye a una población genéticamente homogénea de más de 250 judíos ashkenazíes con edades entre los 95 y 100 años, se diseñó para analizar la relación entre la personalidad y los genes en centenarios. Los análisis de la personalidad de los sujetos demostraron que, lejos de ser gruñones, los centenarios reunían cualidades que reflejaban claramente una actitud positiva hacia la vida: la mayoría eran "extrovertidos, optimistas y de trato fácil", y para ellos la "risa es una parte importante de su vida". Además, tenían una amplia red social.

Según aporta Juan Martínez Hernández, director de RENACE (Registro Nacional de Centenarios de España), se ha detectado que casi la mitad de las personas que llegan a los cien años lo hacen de forma independiente, su estado de salud es "asombrosamente bueno" para su edad y sus niveles de colesterol en sangre son más bajos que los de la media nacional de cualquier edad.

Los centenarios son personas mayores con una calidad de vida aceptable, por su edad, pero no tributarios de muchos cuidados médicos. Sus capacidades sensoriales y de movilidad son reducidas y la de autocuidado, baja. Si tienen una enfermedad genética, esta no se manifiesta a los 100 años, sino que es previa, y las patologías vinculadas a factores de riesgo también se desarrollan antes: si se ha sido fumador, es muy improbable que se desarrolle cáncer de pulmón a los 100 años si no se ha registrado en etapas anteriores.

Demográficamente, otro dato que se ha constatado es que los centenarios de hoy constituyen "un grupo de edad que ha superado, de manera amplia, la esperanza de vida que tenían al nacer, que rondaba los sesenta años". En su momento, se desconocían cuáles eran las claves que les han permitido superar la barrera de los cien años. Poco a poco se incrementa el grupo de centenarios y parece lógico -si las actuales condiciones de salubridad, salud pública y el sistema sanitario no cambian- que siga esta tendencia en los próximos quinquenios.

En cualquier caso, el retrato robot de los centenarios todavía es un esbozo y se requieren muchos más estudios -insisten los expertos- para extractar sus rasgos comunes de genética, alimentación, factores tóxicos, ambientales y pautas de vida, además de trazar un perfil de centenario al que toda la población pueda tender y aproximarse.

## Cómo alargar la vida

A día de hoy, investigadores y médicos no pueden dar una receta milagrosa y exacta sobre qué hacer para alargar la vida, sino una receta aproximada. Sabemos que la cantidad y calidad de vida que depende de la genética no se puede cambiar, pero sí podemos cambiar nuestros estilos de vida.

Además de lo que puede hacer una persona a título individual, para vivir más y mejor, las sociedades deben fomentar todas las medidas posibles de promoción de la salud, dirigidas a reducir los accidentes causantes de muertes prematuras.

En plena crisis, un reto es conservar el sistema sanitario público español, que figura entre los mejores del mundo.

Resumiendo en **10** las **claves para llegar a los 100 años:**

La dieta sana y equilibrada y la actividad física no obran por sí solas el milagro de una vejez saludable. Hay otras medidas para alargar la vida y mantener la salud.

1. **Actitud positiva.** Se ha comprobado científicamente que la percepción de la vida y la actitud frente a ella es importante para vivir más años.
2. **Mente abierta.** Los neuróticos y rígidos no es muy probable que lleguen a los 100 años.
3. **Mantener los controles de salud.** Acudir a los servicios preventivos y estar al día de todas las vacunaciones.
4. **Menos quejas y más superación.** No se quedan quejándose por lo que la vida no les dio, sino que aprovechan lo que tienen para superarse.
5. **Mantenerse activo mentalmente** y con ocupaciones vinculadas al ocio.
6. **Reír en todo momento.** La risa es la mejor arma contra las enfermedades y las tristezas que van acabando con la vida.
7. **La relación con los amigos.** La amistad prolonga la vida.
8. **Suprimir los malos hábitos.** El cigarrillo, las bebidas alcohólicas, las drogas, son cosas que van afectando el bienestar físico y mental y por lo tanto van restando años de vida.
9. **La relación con la familia.** Les hace muy bien compartir sus días con sus hijos ya adultos, sus nietos y hasta quizás, sus bisnietos.

10. **Disfrutar de la vida en pareja.** El amor de sus parejas es lo que les da fuerzas y ánimo.

*"Nuestra abuela "Asia" vivió 99 años (1.891-1990). Enviudó a los 45 años, quedándose al cuidado de 5 hijos, sobreviviendo a tres de ellos. Fue un testimonio completo de vida activa. Cumplía las sugerencias recogidas en estas 200 páginas del libro. Practicaba la dieta disociada, en años en los que todavía no se conocían sus ventajas. Mantuvo unas amplias relaciones sociales, leyó hasta el final de sus días y tenía un talante enérgico y vitalista. Manifestaba que: "Una vida tiene muchas vidas", sobre todo cuando se viven tantos años. Con una biografía repleta de momentos muy difíciles, dijo: " Nunca pensé en tener una vejez así, con lo que he sufrido en la vida".La mejor etapa de su vida fue la vejez.Los últimos 9 años fue una "persona mayor frágil" y solamente en sus 6 últimos meses de vida fue dependiente."*

# IX. Glosario

**Atención gerontológica.** Engloba asistencia sanitaria (atención primaria, hospitalaria, geriátrica especializada) y asistencia social (clubes de jubilados, comidas a domicilio, apartamentos, residencias, programas de tiempo libre, etc.) Implica al sector público (administraciones) y al privado.

**Autonomía.** La capacidad de controlar, afrontar y tomar por propia iniciativa, decisiones personales acerca de cómo vivir de acuerdo con las normas y preferencias propias, así como de desarrollar las actividades básicas de la vida diaria.

**Calidad de vida.** Percepción que un individuo tiene de su lugar en la existencia, en el contexto de la cultura y del sistema de valores en los que vive y en relación con sus objetivos, sus expectativas, sus normas, sus inquietudes.

**Centros de mayores.** Para personas mayores autónomas. Son centros sociales de formación y socialización de la persona mayor. En ellos se realizan diversas actividades de promoción del envejecimiento activo.

**Dependencia.** Estado de carácter permanente en que se encuentran las personas que, por razones derivadas de la edad, la enfermedad o la discapacidad, y ligadas a la falta o la pérdida de autonomía física, mental, intelectual o sensorial, precisan de la atención de otra u otras personas u ayudas para realizar las actividades básicas de la vida diaria.

**Edadismo.** Prejuicios intensos y profundos hacia las personas mayores. Puede estar presente en diferentes grados en la sociedad, en la televisión, en la publicidad, en las películas, en las tiendas, en los hospitales, en el trabajo.

**Ejercicios de Kegel.** Son unos ejercicios indicados para mujeres destinados a fortalecer los músculos pélvicos. También están recomendados para evitar la incontinencia urinaria. En el campo sexual son los ejercicios que hay que practicar para obtener buenos resultados a la hora de conseguir mayor placer sexual.

**Envejecimiento saludable.** Envejecimiento donde los factores extrínsecos contrarrestan los factores intrínsecos del envejecimiento, evitando que haya poca o ninguna pérdida funcional. Existen otras tres características clave del envejecimiento saludable: riesgo bajo de sufrir enfermedades o tener alguna discapacidad causada por alguna enfermedad, alto rendimiento de las funciones físicas y mentales, compromiso activo con la vida.

**Envejecimiento.** Cambios graduales irreversibles en la estructura y función de un organismo que ocurren como resultado del pasar del tiempo.

**Envejecimiento activo.** Cambios en los modelos de cómo se invierte el tiempo en los diferentes grupos de edad, forma de redistribuir actividades a lo largo de la vida. Proceso de optimización de las oportunidades de salud, participación y seguridad con el fin de mejorar la calidad de vida a medida que las personas envejecen.

**Envejecimiento de la población.** Modificación progresiva de la distribución por edad de los miembros de una población que da un peso cada vez más considerable a las edades avanzadas, y correlativamente un peso cada vez más bajo a las edades jóvenes. Aumento proporcional del número de personas mayores.

**Esperanza de vida.** Número de años, basado en estadísticas conocidas, que individuos con una determinada edad, pueden esperar vivir. Expectativa de vida al nacer.

**Longevidad.** Extensión máxima de la duración de la vida humana. Esta duración parece ser del orden de los 110 a los 115 años. En sentido estricto, longevidad significa el potencial biológico de duración de la vida.

**Personas mayores.** Se considera población mayor o de edad a las personas de 65 o más años; el umbral es arbitrario, pero aceptado. Naciones Unidas también considera el umbral de los 60 años, población mayor.

**Proyecto de vida.** Planificación que consiste en un conjunto de actividades interrelacionadas y coordinadas; la razón de un proyecto es alcanzar objetivos específicos dentro en un lapso de tiempo previamente definido

**Redes sociales.** Son estructuras sociales compuestas de grupos de personas, las cuales están conectadas por uno o varios tipos de relaciones, tales como amistad, parentesco, intereses comunes o que comparten conocimientos.

**Redes sociales virtuales.** Nombre técnico para definir las diversas páginas o sitios de Internet como Facebook, Twitter, Sonico, MySpace, YouTube, etc.; así como los "blogs" personales y los servicios de mensajería instantánea o "messenger", Whatsaap. Todos ellos son formas de interacción social virtual que permiten un intercambio dinámico de información entre personas y grupos.

**Rol.** Conjunto de normas, comportamientos y derechos definidos social y culturalmente que se esperan que una persona (actor social) cumpla o ejerza de acuerdo a su estatus social adquirido o atribuido. Un determinado comportamiento en presencia de otros.

**Pisos tutelados.** Pisos para personas mayores que cuentan con un grado de autonomía alto. Como propietarios o en régimen de alquiler, los inquilinos de este tipo de viviendas se encargan de su mantenimiento y gestión, y cuentan dentro del mismo complejo urbanístico con amplios servicios médicos y de ocio, según sus necesidades.

**Servicios de atención diurna.** Centros generales y/o específicos que ofrecen una atención integral durante el día a aquellas personas que por sus discapacidades y con la finalidad de permanecer en su entorno habitual, precisan mejorar o mantener su nivel de autonomía; proporcionan al mismo tiempo un apoyo al cuidador principal.

**Servicios de atención residencial.** Servicios ofrecidos cuando la permanencia de las personas dependientes en su domicilio resulta muy difícil para ofrecer una atención adecuada en el cuidado personal y sanitario por el deterioro de los niveles de autonomía, la soledad extrema, la necesidad de atención permanente o debido al estado de las viviendas o su equipamiento.

**Servicios de ayuda a domicilio.** Ofrecen atención integrada y ambulatoria en el domicilio, para que la persona permanezca en su entorno habitual.

**Teleasistencia.** Servicio para la atención telefónica ininterrumpida, con un equipamiento de comunicaciones e informática específicos, que permite a las personas que viven solas y/o con graves problemas de movilidad, mantener una comunicación inmediata con un centro de atención que presta la respuesta adecuada.

**Universidades de mayores.** Oferta de estudios para quienes, por diversas razones, no hayan podido acceder a la Universidad en su momento o que siendo ya Diplomados o Licenciados, y que, deseando obtener una formación nueva y actualizada, se encuentren en edad inhabitual para las tareas académicas.

# X. Bibliografía

Agulló Tomás, M.S.; Agulló Tomás, E.; Rodríguez Suárez, J. *Voluntariado de mayores: ejemplo de envejecimiento participativo y satisfactorio.* Artículo de Revista interuniversitaria de formación del profesorado.

Artículo en el Boletín Eroski (2011). *Cómo llegar a los cien años.* Disponible en Consumer.es.

Artículo en el Boletin Eroski (2011). *Cómo envejecer bien. Juventud interior y actitud personal.* Disponible en Consumer.es.

Artículo en el Boletin Eroski (2011). *Mayores activos.* Disponible en Consumer.es.

Díaz Veiga, P.; Márquez González, M.; Sancho Castiello, M. (2010). *Cómo nos ayudan las emociones a envejecer bien.* Obra Social Caixa Catalunya.

Fernández-Ballesteros García, R.; Zamarrón Cassinello, M.D.; López Bravo, M.D. (2011). *Envejecimiento con éxito: criterios y predictores.* Artículo de revista Psicothema. Vol. 22, nº 4, pp. 641-647

Flórez Lozano, J,A. (2009). *Manual de autoayuda para un envejecimiento saludable y feliz.* Obra Social Caixa Galicia.

Franco Módenes, P.; Sánchez Cabaco, A. (2009). *Saber envejecer: aspectos positivos y nuevas perspectivas.* Artículo revista Foro de educación.

Organización Mundial de la Salud (OMS). (2008). *Informe de la OMS sobre la prevención de las caídas en personas mayores.*

Instituto de Mayores y Servicios Sociales (IMSERSO). (2011). *Encuesta Mayores 2010.* Ministerio de Sanidad y Política Social.

Martínez Martín, M.I. (2009). *Prejubilación y desvinculación laboral después de los 50 años. Vivencia del proceso y adaptación del cambio.* Boletín Observatorio de Personas Mayores 33: sept. 2008.

Miguel Pros. (2003). *Cómo vivir 100 años con salud y optimismo.* Océano Ambar.

Miret Magdalena, E. (2008). *Cómo ser Mayor sin hacerse Viejo.* Espasa. Madrid.

Montero García, I.; Bedmar Moreno, M. (2010). *Ocio, tiempo libre y voluntariado en personas mayores.* Artículo de revista. Polis: revista académica de la Universidad Bolivariana.

Sánchez Martínez, M.; Kaplan, M.; Sáez Carreras, J. (2010). *Programas intergeneracionales. Guía introductoria.* Instituto de Mayores y Servicios Sociales (Imserso).

Soler Vila, À. (2009). *Practicar ejercicio físico en la vejez.* INDE. Barcelona.

Tierno Jiménez, B. (2009) *Los pilares de la Felicidad. Cómo disfrutar cada minuto de tu vida.* Ediciones Temas de Hoy. Madrid.

Torres González, M.Á., Perea Unceta, L. (2010). *Vivir mejor la jubilación: salud, dinero, amor, sexo y ocio a partir de los 60…, prepárate desde los 40.* Madrid: Marcial Pons.

Triadó Tur, C.; Celdrán Castro, M.; Conde Sala, J.L. (2009). *Envejecimiento productivo: la provisión de los cuidados de los abuelos a los nietos. Implicaciones para su salud y bienestar.* Informe del IMSERSO.

Varios autores. (2009). *Saber envejecer, prevenir la dependencia. Guías didácticas.* Sociedad Española de Geriatría y Gerontología (SEGG) Obra Social Caja Madrid.

Veronique Chabrol. (2005). *150 Actividades para vuestros nietos.* Akal.

# XI. Webs de interés

Año Europeo Envejecimiento Activo: http://europa.eu/ey2012/

Comisión Europea. Empleo, Asuntos Sociales e Inclusión: http://ec.europa.eu/social/

Comisión Económica para Europa, CEPE sobre Envejecimiento: http://www.unece.org/

Confederación española de Organizaciones de mayores. CEOMA: www.ceoma.org

Consejo de Personas Mayores: www.cpmayores.com

Cruz Roja Tercera edad: www.cruzroja.es

Documentación y bibliografía sobre envejecimiento activo: http://envejecimiento.csic.es/documentacion/index.htm

El mundo del Mayor: www.mundomayor.com

Envejecimiento en red: http://envejecimiento.csic.es/index.html

Federación Iberoamericana de Asociaciones de Personas Adultas Mayores(FIAPAM): www.unate.org

Folletos SABER envejecer: http://www.segg.es/documento/saber/envejecer/prevenir/la/dependencia

Guía "Saber envejecer. Prevenir la dependencia": http://www.imsersodependencia.csic.es/documentacion/monograficos/saber-envejecer/saberenvejecer.html

Los mayores: www.losmayores.com.

Mayormente: www.mayormente.com

Mayores de toda Europa: www.age-platform.org

Oportunidades de voluntariado: hacesfalta.org

Plataforma europea AGE: http://www.age-platform.eu/en

Publicaciones de la Organización Mundial de la Salud sobre envejecimiento activo: http://www.who.int/ageing/publications/active/en/index.html

SECOT: http://www.secot.org/

Seniors 2000-Club Seniors: www.infoaste.org

Unión Democrática de Pensionistas y Jubilados de España: (UDP):www.mayoresudp.org

Web Mayores Europeos: http://www.mayoreseuropeos.eu/preguntas.htm

**Páginas web de revistas especializadas en personas de 50 y más años en castellano:**

Entremayores: http://www.entremayores.es

Senda Senior: http://www.sendasenior.com/

Saber vivir: http://www.sabervivir.es/

Plus es más: http://www.plusesmas.com/

Balance de la Dependencia: http://www.balancedeladependencia.com/

60 y más: www.imserso.es/imserso_01/documentacion/publicaciones/publicaciones_periodicas/sesenta_y_mas/2012/index.htm

## TÍTULOS DE LA COLECCIÓN

1 Juan José Jurado, NO TENGO TRABAJO ¿QUÉ PUEDO HACER?

2 Antonio Soto, LAS NUEVAS ADICCIONES ¿QUÉ SON? ¿CÓMO AFRONTARLAS?

3 Luis López, CLAVES PARA ENTENDER LA CRISIS MUNDIAL

4 Toti Fernández, VÍSTETE Y TRIUNFA. INFLUENCIA DE LA MODA EN LA VIDA COTIDIANA

5 Miguel Álvarez, LA SEXUALIDAD Y LOS ADOLESCENTES. CONCEPTOS, CONSEJOS Y EXPERIENCIAS

6 Ángel Moreno, CÓMO EDUCAR A UN BEBÉ

7 Esther Soria y Laura Soria, CON LA ALIMENTACIÓN NO SE JUEGA

8 Arántzazu García, Ana Ferrández y Susana Martín, NOSOTROS PODEMOS. INTEGRACIÓN DE LOS DISCAPACITADOS EN LA SOCIEDAD ACTUAL

9 Adolfo Muñiz, BASES PARA UNA BUENA EDUCACIÓN MUSICAL

10 M. Natividad Soto y Lola Ortega, LA COMUNICACIÓN CON TU BEBÉ

11 Carlos Molinero, ADOLESCENTES EN CONFLICTO. CÓMO RECUPERAR LA ARMONÍA PERDIDA

12 Juan Carlos Sánchez, FAMILIAS EN CONFLICTO

13 Ángel Moreno, CÓMO CUMPLIR AÑOS SINTIÉNDOTE JOVEN